WIE MAN BEIM BLACKJACK GEWINNT

Beherrsche die Basisstrategie, zähle Karten wie ein Profi und schlage das Casino mit einem bewährten mathematischen Vorteil

Julian Crane

INHALT

EINLEITUNG

Klug gewinnen statt auf Glück hoffen

Stell dir vor, du betrittst ein Casino und setzt dich an den Blackjack-Tisch – nicht als nervöser Anfänger, nicht als jemand, der auf eine Glückssträhne hofft, sondern als Spieler mit einem echten Plan – einem System, das auf Mathematik, Logik und Strategie basiert.

Genau das soll dir dieses Buch vermitteln.

Im Gegensatz zu den meisten anderen Casinospielen ist Blackjack tatsächlich schlagbar. Das ist keine Spekulation und kein Mythos unter Spielern – das ist eine Tatsache. Der Hausvorteil beim Blackjack ist nicht festgelegt. Er lässt sich verringern – und unter den richtigen Bedingungen sogar umkehren. Nicht durch Zufall, sondern durch eine Reihe bewährter Strategien, die clevere Spieler seit Jahrzehnten erfolgreich anwenden. Dieses Buch macht dir diese Strategien zugänglich – verfeinert, vereinfacht und bereit zur Anwendung in der Praxis.

Aber machen wir eines gleich klar: Dies ist kein „Schnell-reich-werden"-System. Es geht nicht um garantierte Gewinne oder geheime Tricks. Blackjack ist ein Spiel, das Können, Geduld und Übung erfordert. Es verlangt Disziplin. Es fordert dich dazu auf, auch unter Druck klar zu denken. Und es belohnt diejenigen, die bereit sind, das Spiel wirklich zu verstehen – auf einer tieferen Ebene. Wenn du nach einer Abkürzung suchst, bist du hier falsch.

Aber wenn du bereit bist, klug statt hoffnungsvoll zu spielen, wenn du wissen willst, wie Profis tatsächlich beim Blackjack gewinnen – und wenn du bereit bist, Schritt für Schritt zu lernen – dann lies weiter. Du bist dabei, zu dem kleinen Prozentsatz von Spielern zu gehören, die wirklich wissen, was sie tun.

Für wen dieses Buch gedacht ist

Dieses Buch richtet sich an alle, die Blackjack mit Klarheit und Selbstvertrauen angehen möchten. Vielleicht bist du ein kompletter Anfänger, der noch nie eine einzige Hand gespielt hat. Oder du hast schon gelegentlich gespielt und bist jetzt bereit zu erfahren, was kluge Spieler wirklich wissen. Möglicherweise hast du schon von Kartenzählen, Strategietabellen oder Wettsystemen gehört – weißt aber noch nicht genau, wie sie funktionieren. Vielleicht bist du dir auch nicht sicher, was legal ist und was nicht.

Wenn du dich in dieser Beschreibung wiedererkennst, ist dieses Buch dein idealer Einstieg. Du brauchst keinerlei Vorkenntnisse. Du musst kein Mathe-Genie sein. Du brauchst nur Neugier, Konzentration und die Bereitschaft, über das reine Glück hinauszudenken.

Dieses Buch ist auch für die strategisch Denkenden gedacht – für Menschen, die Herausforderungen mögen und gerne Systeme lernen, die ihnen einen Vorteil verschaffen – sei es beim Poker, beim Investieren, beim Schach oder eben beim Blackjack. Du musst kein High Roller sein. Vielleicht willst du einfach nur gut spielen – zum Spaß – aber mit echtem Vorteil, jedes Mal, wenn du ein Casino betrittst oder online spielst.

Was du in diesem Buch nicht finden wirst, sind Zaubertricks, unrealistische Versprechen oder Theorien, die nur unter Laborbedingungen funktionieren. Alles, was du hier lernst, basiert auf der Realität – und ist auf das Spiel ausgelegt, wie es heute tatsächlich gespielt wird: in echten Casinos, gegen echte Dealer, unter echtem Druck.

Was du in diesem Buch lernen wirst

Dies ist mehr als eine Sammlung von Tipps – es ist ein kompletter Lernweg. Du wirst entdecken:

- Wie Blackjack auf der grundlegendsten Ebene funktioniert – inklusive Regeln, Ziel des Spiels und zentraler Begriffe (selbst wenn du noch nie gespielt hast)

- Die Basisstrategie – eine wissenschaftlich fundierte Entscheidungsgrundlage, die dir in jeder Situation den besten Spielzug liefert
- Wie man Karten zählt – mit dem Hi-Lo-System, einer der beliebtesten und effektivsten Methoden im professionellen Blackjack
- Wie du deine Einsätze und Spielentscheidungen an den Kartenzählerstand anpasst (sogenannte Einsatzabweichungen und Spielabweichungen)
- Wie du die besten Tische findest, häufige Fallen vermeidest und deinen Erwartungswert (EV) langfristig maximierst
- Wie du unauffällig bleibst, unter dem Radar spielst und dich davor schützt, vom Casino ausgeschlossen zu werden, wenn du zu erfolgreich wirst
- Die wahre Mathematik hinter dem Spiel – wie Vorteilsspiel funktioniert, wie gutes Bankroll-Management dich schützt und warum selbst die besten Spieler verlieren können

Jedes dieser Konzepte baut auf dem vorherigen auf und ergibt gemeinsam ein solides System, mit dem du dich vom kompletten Anfänger zu einem souveränen, kompetenten Vorteilsspieler entwickeln kannst.

Wir räumen außerdem mit gängigen Mythen auf – etwa warum Versicherung fast immer eine schlechte Wette ist oder warum es unter bestimmten Bedingungen sinnvoll sein kann, ein Paar Zehner zu splitten (ja, wirklich).

Wie du dieses Buch verwenden solltest

Dies ist kein Buch, das man in einem Rutsch durchliest. Es ist ein Schritt-für-Schritt-Leitfaden, den du immer wieder zur Hand nehmen und Stück für Stück vertiefen solltest.

Der Aufbau dieses Buches spiegelt die tatsächliche Lernkurve eines erfolgreichen Blackjack-Spielers wider:

1. Wir beginnen mit den Grundlagen. Selbst wenn du noch nie gespielt hast, bringt dich Kapitel 1 mit den Regeln, Abläufen

und dem Spielrhythmus vertraut, damit du jedes Element verstehst, bevor es in die Tiefe geht.

2. Danach lernst du die Basisstrategie kennen – die optimalen Entscheidungen, mit denen du den Hausvorteil auf ein Minimum reduzierst.
3. Anschließend geht es um das Kartenzählen. Du wirst lernen, wie man Karten verfolgt, den „True Count" berechnet und erkennt, wann sich die Wahrscheinlichkeiten zu deinen Gunsten verschieben.
4. Danach steigen wir in erweiterte Techniken ein – Einsatzstrategie und Spielabweichungen – mit denen du deinen Vorteil gezielt ausnutzt und deinen Gewinn langfristig maximierst.
5. Am Ende behandeln wir echte Casino-Taktiken – wie man unauffällig bleibt, die besten Tische auswählt und nicht gesperrt wird, wenn man zu gut spielt.

Nimm dir Zeit. Markiere dir wichtige Abschnitte. Lies Kapitel erneut, sobald du weiter vorankommst. Ziel ist es nicht nur, die Theorie zu verstehen – sondern sie auch unter Druck anwenden zu können, an einem echten Tisch, mit echtem Geld auf dem Spiel.

Ein kurzer Realitätscheck

Seien wir ehrlich: Blackjack ist kein einfaches Geld.

Selbst die besten Spieler verlieren manchmal. Der Vorteil, den du dir durch Strategie und Kartenzählen verschaffst, ist nicht riesig – aber er ist real. Und er wirkt sich langfristig aus. Was erfolgreiche Spieler von den Verlierern unterscheidet, ist nicht, wie oft sie gewinnen, sondern wie gut sie mit Risiko umgehen, langfristig denken und konsequent ihrem System folgen.

Kartenzählen wird dich nicht über Nacht reich machen. Aber es kann dir einen echten Vorteil in einem Spiel verschaffen, das die meisten Menschen völlig blind spielen. Und das ist mächtig – und selten.

Und nein, es ist nicht illegal. Karten zu zählen ist zu 100 % legal – aber Casinos mögen es nicht. Wenn du zu regelmäßig gewinnst, wirst du möglicherweise gebeten zu gehen – oder sogar ganz vom Blackjack ausgeschlossen. Deshalb wirst du in diesem Buch auch lernen, wie du unter dem Radar bleibst und wie ein Profi spielst, ohne aufzufallen.

Letzte Gedanken, bevor es losgeht

Dieses Buch soll dich nicht zum Berufs-Spieler machen – es sei denn, das ist dein Ziel. Es zeigt dir vielmehr, wie du Blackjack wie ein Stratege spielst, nicht wie ein Träumer.

Es geht darum, die Mathematik zu verstehen, deinen Verstand zu nutzen und Kontrolle über ein Spiel zu gewinnen, das die meisten Menschen mit geschlossenen Augen spielen.

Wenn du aufmerksam liest, konsequent übst und dem System folgst, wirst du an den Punkt kommen, an dem dich ein Casino nicht mehr einschüchtert. Du wirst dich mit ruhigem Selbstvertrauen an den Tisch setzen.

Denn du weißt etwas, das der Dealer nicht erwartet:

Du bist nicht hier, um einfach nur Spaß zu haben.
Du bist hier, um klug zu spielen – und vielleicht das Casino mit seinen eigenen Mitteln zu schlagen.

KAPITEL 1
DIE GRUNDLAGEN VON BLACKJACK

Bevor wir uns mit Strategien, Systemen und mathematischen Vorteilen beschäftigen, muss eines ganz klar sein: Wenn du nicht vollständig verstehst, wie Blackjack funktioniert, wird alles andere in diesem Buch zusammenbrechen.

Blackjack hat einen gewissen Ruf – manche sehen es als das spannendste Spiel im Casino, andere halten es für einen schnellen Weg, Geld zu verlieren. Aber hinter den blinkenden Lichtern und dem schnellen Spieltempo steckt etwas viel Interessanteres: ein strukturiertes, schlagbares Spiel, das auf Logik basiert – nicht auf Glück. Im Gegensatz zu Slotmaschinen oder Roulette belohnt Blackjack Wissen. Es belohnt Disziplin. Es belohnt Spieler, die sich die Zeit nehmen, das Spiel wirklich zu verstehen – denn je mehr du weißt, desto besser spielst du. Und je besser du spielst, desto mehr Kontrolle hast du über das Ergebnis.

Dieses Kapitel ist dein Fundament. Wenn du neu bist, lernst du hier alles von Grund auf. Und selbst wenn du schon gespielt hast, wird dein Verständnis geschärft und eventuelle Unsicherheiten beseitigt. In jedem Fall gilt: Das hier ist kein Füllmaterial – das ist der Ort, an dem intelligentes Blackjack beginnt.

Das Ziel von Blackjack

Die meisten Menschen glauben, es gehe darum, so nah wie möglich an 21 heranzukommen.
Das ist teilweise richtig – aber hier ist das eigentliche Ziel:

Deine Aufgabe ist es, den Dealer zu schlagen – nicht mehr und nicht weniger.

Du gewinnst eine Hand beim Blackjack, wenn:

- du eine höhere Gesamtpunktzahl hast als der Dealer (ohne über 21 zu gehen), oder
- der Dealer über 21 hinausgeht (bustet), während deine Hand darunter bleibt.

Das ist alles. Du spielst nicht gegen die anderen Spieler am Tisch – nur gegen den Dealer. Du musst nicht bei jeder Hand „21" treffen – du musst mathematisch kluge Hände spielen und langfristig gewinnen.

Die Karten und ihre Werte

Blackjack wird mit einem Standardkartenspiel mit 52 Karten gespielt. Die meisten Casinos verwenden mehrere Kartenspiele gleichzeitig (in der Regel 6 oder 8), aber die Werte bleiben gleich:

- 2 bis 10 = Zahlenwert
- Bube, Dame, König = jeweils 10 Punkte
- Ass = entweder 1 oder 11 – je nachdem, was für deine Hand besser ist

Diese Flexibilität des Asses ist der Grund, warum es sogenannte „weiche" Hände gibt (dazu gleich mehr).

Grundbegriffe beim Blackjack

- Hier sind einige wichtige Begriffe, die du sofort kennen solltest:
- Hit – Eine weitere Karte verlangen
- Stand – Bei der aktuellen Hand bleiben und den Zug beenden
- Bust – Über 21 hinausgehen und automatisch verlieren
- Blackjack – Ein Ass + eine 10-Punkte-Karte bei der ersten Kartenverteilung (beste Hand, zahlt normalerweise 3:2)
- Push – Gleichstand mit dem Dealer; dein Einsatz wird zurückerstattet
- Weiche Hand – Eine Hand mit einem Ass, das als 11 zählt (z. B. Ass + 6 = „weiche 17")
- Harte Hand – Eine Hand ohne Ass oder mit einem Ass, das als 1 gezählt wird

- Double Down – Einsatz verdoppeln und genau eine weitere Karte erhalten
- Split – Zwei Karten mit gleichem Wert in zwei getrennte Hände aufteilen (zweiter Einsatz erforderlich)
- Shoe – Der Kartenschlitten, aus dem mehrere Decks ausgeteilt warden
- Dealer Hole Card – Die verdeckte Karte des Dealers, die erst am Ende der Runde aufgedeckt wird (nur im amerikanischen Blackjack)

Ablauf einer Blackjack-Runde

So läuft eine typische Runde Blackjack ab – Schritt für Schritt:

1. Einsatz platzieren
   Du legst einen Chip (oder mehrere) in das Einsatzfeld.
2. Karten werden ausgeteilt
   Alle Spieler, einschließlich des Dealers, erhalten zwei Karten:
   • Du bekommst zwei Karten offen
   • Der Dealer erhält eine offene und eine verdeckte Karte (im amerikanischen Blackjack)
3. Spieleraktionen (dein Zug)
   Jeder Spieler entscheidet nacheinander, ob er:
   • Hit – eine Karte nimmt
   • Stand – stehen bleibt
   • Double Down – verdoppelt
   • Split – teilt (wenn möglich)
   • Surrender – aufgibt (wenn erlaubt)
4. Der Dealer spielt
   Nachdem alle Spieler fertig sind, deckt der Dealer seine verdeckte Karte auf und:
   • zieht Karten, bis er mindestens 17 erreicht
   • bleibt bei 17 oder höher stehen (außer das Casino spielt „Hit on Soft 17“ – dazu später mehr)
5. Ergebnisse werden ausgewertet
   • Wenn du den Dealer schlägst oder er bustet → du gewinnst
   • Wenn du verlierst oder bustest → du verlierst deinen Einsatz
   • Wenn es unentschieden ist → Push (du bekommst deinen Einsatz zurück)

Was ist ein Blackjack?

Ein „Blackjack" ist eine 21 mit nur zwei Karten: ein Ass + eine 10-Punkte-Karte.

Das ist die beste mögliche Hand und wird in den meisten Casinos mit 3:2 ausgezahlt (du gewinnst das 1,5-Fache deines Einsatzes).

Beispiel: Wenn du 20 $ setzt und einen Blackjack bekommst, gewinnst du 30 $.

Achtung: Manche Casinos zahlen nur 6:5 für einen Blackjack aus – das ist eine sehr schlechte Regel für Spieler. Warum das so ist, erklären wir später noch genauer.

Harte und weiche Hände

Es ist entscheidend, den Unterschied zwischen harten und weichen Händen zu verstehen, um die richtigen Entscheidungen treffen zu können.

- Harte Hand: Keine Ass-Karte oder ein Ass, das nur als 1 gezählt wird
  Beispiel: 10 + 6 = 16 (harte 16)
- Weiche Hand: Eine Hand mit einem Ass, das als 11 gezählt wird
  Beispiel: Ass + 6 = 17 (weiche 17)

Weiche Hände sind flexibler – du kannst ohne sofortiges Bust-Risiko eine weitere Karte nehmen. Wenn der Gesamtwert über 21 hinausgeht, kann das Ass von 11 auf 1 „weicher" werden.

Auszahlungen und Quoten

Hier eine schnelle Übersicht über die Standardauszahlungen im Blackjack:

Ergebnis	Auszahlung
Gewinn (kein Blackjack)	1:1
Blackjack	3:2 (beste Auszahlung)
Push (Unentschieden)	Einsatz zurück
Versicherung	2:1 (wird aber meist nicht empfohlen)

Warnung: Einige Casinos bieten nur eine Auszahlung von 6:5 für einen Blackjack. Vermeide diese Tische nach Möglichkeit – langfristig schmälern sie deine Gewinne erheblich.

Amerikanisches vs. Europäisches Blackjack

- Amerikanisches Blackjack: Der Dealer erhält zu Beginn zwei Karten – eine offen und eine verdeckt. Wenn die offene Karte ein Ass oder eine 10 ist, prüft der Dealer sofort auf Blackjack, bevor die Spieler ihre Züge machen.
- Europäisches Blackjack: Der Dealer erhält zunächst nur eine Karte – offen. Die zweite Karte wird erst gezogen, nachdem alle Spieler ihre Züge beendet haben.
  Das macht Splits und Verdopplungen riskanter, da man zusätzliche Einsätze tätigt, ohne zu wissen, ob der Dealer bereits einen Blackjack hat.

Profi-Tipp: Vertraue nicht auf dein Bauchgefühl

Einer der größten Fehler, den Spieler machen, ist es, auf ihr Gefühl zu hören. Du wirst es an jedem Tisch hören:

„Ich hab da so ein Gefühl bei dieser Hand.“
„Letztes Mal habe ich bei 16 eine Karte genommen und verloren – diesmal bleib ich lieber stehen.“
„Der Dealer läuft gerade heiß. Ich warte einfach ab.“

All das? Nutzloses Rauschen.

In dem Moment, in dem du Gefühle deine Entscheidungen treffen lässt, gibst du deinen Vorteil aus der Hand.
Blackjack interessiert sich nicht für Glücksgefühle oder Angst. Es basiert auf Mathematik. Kalte, emotionslose, berechenbare Mathematik. Und das ist eine gute Nachricht – denn Mathematik lügt nicht und macht keinen Unterschied zwischen Anfängern und High Rollern.

In diesem Buch wirst du lernen, Entscheidungen auf Basis von Wahrscheinlichkeiten und Logik zu treffen – wann du eine Karte nimmst, wann du stehen bleibst, wann du verdoppelst oder splittest. Nicht, weil du „ein Gefühl hast", sondern weil die Zahlen es langfristig als beste Option bestätigen.
So wirst du von einem hoffenden Spieler zu einem strategischen.

Lass andere ihren Eingebungen folgen – du spielst ein klügeres Spiel.

Zusammenfassung: Was du jetzt weißt

Am Ende dieses Kapitels solltest du in der Lage sein:

☑ das Ziel des Spiels zu verstehen
☑ den Wert jeder Karte zu kennen
☑ den Ablauf einer typischen Runde zu beschreiben
☑ die wichtigsten Spielaktionen (Hit, Stand, Double, Split) richtig einzusetzen
☑ zwischen weichen und harten Händen zu unterscheiden
☑ gute von schlechten Tischen zu unterscheiden
☑ die Blackjack-Sprache sicher zu sprechen

Was du gerade gelernt hast, ist nicht spektakulär. Es wird dir keine Trophäe einbringen. Aber es ist das feste Fundament, auf dem du alles Weitere aufbauen kannst.

Viele Spieler überspringen diese Grundlagen. Sie stürzen sich in Wettsysteme, Kartenzählerei oder fragwürdige Casino-Tricks – ohne überhaupt die Mechanik des Spiels zu verstehen. Und genau deshalb verlieren sie. Aber du?

Du hast dich jetzt schon von der Masse abgehoben.
Indem du dir die Zeit genommen hast, Blackjack wirklich zu begreifen, hast du dich auf einen anderen Weg begeben – den Weg zu fundierten Entscheidungen, langfristigem Erfolg und echter Kontrolle über dein Spiel.

Im nächsten Kapitel gehen wir tiefer. Du lernst, wie du jede einzelne Hand optimal spielst – mit der Basisstrategie, dem wichtigsten Werkzeug, das jeder ernsthafte Spieler beherrschen muss.
Hier beginnt dein echter Vorteil – nicht durch Glück, sondern durch kluge Entscheidungen. Hand für Hand. Spiel für Spiel.

KAPITEL 2
BASISSTRATEGIE

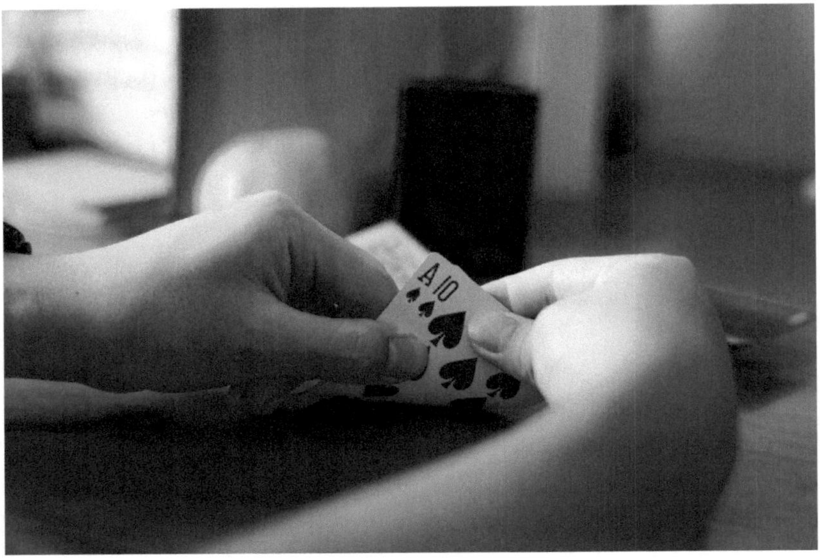

Die clevere Art, jede Hand zu spielen

Wenn du es ernst meinst damit, das Casino beim Blackjack zu schlagen, beginnt deine Reise genau hier.
Vergiss fürs Erste das Kartenzählen. Vergiss alle Tipps, Tricks und Schlagworte, die du am Spieltisch aufgeschnappt hast. Denn all das wird dir nichts nützen, wenn du nicht zuerst verstehst – und beherrschst – was als Basisstrategie bekannt ist.

Die Basisstrategie ist dein Fundament. Sie ist eine Sammlung fester Regeln, die du bei jeder Hand befolgst und die dir den mathematisch besten Spielzug in jeder möglichen Situation liefern. Und nein – das bedeutet nicht, dass du jede Hand gewinnst. Ganz im Gegenteil. Aber es bedeutet, dass du langfristig mehr gewinnst und weniger verlierst als all jene, die aus dem Bauch heraus oder nach Gefühl spielen. Und genau das wollen wir: einen Vorteil. Einen wiederholbaren, verlässlichen Weg, bessere Entscheidungen zu treffen als 90 % der Spieler um dich herum.

Was genau ist die Basisstrategie?

Lass uns das gleich klarstellen: Die Basisstrategie ist keine Einstellung oder vage Herangehensweise ans Spiel. Es geht nicht darum, „vorsichtig“ oder „aggressiv“ zu spielen.
Es handelt sich um eine präzise, mathematisch fundierte Entscheidungstabelle. Sie sagt dir ganz genau, was du tun sollst – und zwar auf Grundlage von zwei Faktoren:

- dem Gesamtwert deiner Hand
- der offenen Karte des Dealers

Für jede mögliche Kombination dieser beiden Variablen gibt es genau einen optimalen Spielzug – denjenigen, der langfristig die besten Ergebnisse liefert. Ob du also eine Karte ziehst, stehen bleibst, verdoppelst, splittest oder aufgibst: Die Basisstrategie gibt dir die richtige Antwort.

Und diese Antworten sind keine Vermutungen oder Theorien. Sie basieren auf Millionen von Computersimulationen, die jede erdenkliche Spielsituation durchgerechnet haben. Wenn du sie richtig anwendest, reduziert sich der Hausvorteil von etwa 2–3 % (bei Gelegenheitsspielern) auf rund 0,5 %.
Das ist ein dramatischer Unterschied – und er beruht einzig darauf, dass du jede Hand korrekt spielst.

Aber… nimmt das nicht den ganzen Spaß?

Vielleicht fragst du dich: „Wenn ich einfach nur einer Tabelle folge, wo bleibt dann der Reiz?“
Die Wahrheit ist: Der Reiz bleibt bestehen. Der Nervenkitzel, die Spannung, der Moment, in dem du die richtige Entscheidung triffst und sie sich auszahlt – all das bleibt. Die Basisstrategie nimmt dir nur die Unsicherheit und schützt dich vor selbstverschuldeten Fehlern.
Sie verwandelt Blackjack von einem Ratespiel in eine strategische Herausforderung. Und glaub mir: Sobald du regelmäßig gewinnst und genau verstehst, warum du bestimmte Züge machst, macht das Spiel noch mehr Spaß.

Wie die Strategietabelle funktioniert

Vielleicht hast du schon einmal eine dieser farbigen Tabellen gesehen, die auf den ersten Blick wie ein wirres Zahlenraster aussehen. Keine Sorge – sie sind eigentlich ganz einfach zu verstehen, sobald du das System kennst.

BASIC STRATEGY [American]

Player Total	2	3	4	5	6	7	8	9	10	A
17–21	S	S	S	S	S	S	S	S	S	S
16	S	S	S	S	S	H	H	H	H	H
15	S	S	S	S	S	H	H	H	H	H
14	S	S	S	S	S	H	H	H	H	H
13	S	S	S	S	S	H	H	H	H	H
12	H	H	S	S	S	H	H	H	H	H
11	D	D	D	D	D	D	D	D	D	D
10	D	D	D	D	D	D	D	D	H	H
9	H	D	D	D	D	H	H	H	H	H
8 or less	H	H	H	H	H	H	H	H	H	H

H for Hit
S for Stand
D for Double if allowed (otherwise Hit)

Auf der linken Seite findest du deine eigene Hand – unterteilt in harte Hände, weiche Hände und Paare.
Oben in der Tabelle siehst du die offene Karte des Dealers – von 2 bis Ass.
An der Stelle, an der sich deine Hand und die Dealer-Karte kreuzen, steht der richtige Spielzug:

- H steht für „Hit“ (Karte nehmen)
- S steht für „Stand“ (stehen bleiben)
- D steht für „Double“ (verdoppeln, wenn erlaubt – sonst Hit)

- P steht für „Split“ (aufteilen)
- R steht für „Surrender“ (aufgeben, wenn möglich)

Am Anfang wirkt das vielleicht überwältigend. Aber wie bei allem gilt: Je öfter du es dir anschaust, desto vertrauter wird es dir vorkommen. Nach ein paar Übungsrunden erkennst du Muster. Du hörst auf zu raten – und fängst an zu wissen.

Schauen wir uns ein paar Beispiele an:

Angenommen, du hast eine 14, und der Dealer zeigt eine 8.
Dein Instinkt könnte dir sagen, dass du lieber stehen bleiben solltest – niemand will auf 14 busten.
Aber laut Basisstrategie sollst du ziehen. Warum? Weil deine Gewinnchance bei einem Stand so gering ist, dass das Ziehen statistisch gesehen besser ist, auch wenn es riskant erscheint.

Nun hast du wieder eine 14, aber diesmal zeigt der Dealer eine 2.
Jetzt lautet die Strategie: stehen bleiben. Warum der Unterschied? Weil der Dealer mit einer 2 eine deutlich höhere Bust-Wahrscheinlichkeit hat.
In dem Fall ist es klüger, nichts zu tun und auf den Fehler des Dealers zu hoffen.

Ein weiteres Beispiel: Du hast 11.
Du solltest fast immer verdoppeln – außer wenn der Dealer ein Ass zeigt. Warum? Weil du nicht busten kannst, wenn du nur eine Karte bekommst, und die Wahrscheinlichkeit hoch ist, dass du eine 10 ziehst und somit auf 21 kommst. Das rechtfertigt den erhöhten Einsatz.

Diese Beispiele zeigen das Prinzip der Basisstrategie:
Manchmal sollst du bei niedrigen Werten ziehen, manchmal bei scheinbar schwachen Händen stehen bleiben, und manchmal aggressiv verdoppeln. Es ist nicht immer intuitiv – und genau deshalb funktioniert es.
Denn du verlässt dich auf Mathematik, nicht auf Laune.

Warum ignorieren trotzdem so viele die Strategie?

Wenn die Basisstrategie so wirksam ist – und so leicht zugänglich – warum folgen ihr dann nicht alle?

Ganz einfach: Die meisten Spieler wollen gefühlsbasiert spielen.
Sie glauben, sie könnten durch Intuition, Erfahrung oder „ein gutes Gespür" bessere Entscheidungen treffen. Manche fühlen sich sogar beleidigt, wenn man ihnen sagt, dass ein Computer bessere Züge kennt als sie selbst.

Andere wiederum kennen die Strategie gar nicht – sie haben nie davon gehört, nie danach gesucht oder dachten, es sei zu kompliziert.
Und dann gibt es die, die glauben, sie würden „die Regeln des Casinos austricksen", indem sie ihre Einsätze spontan anpassen oder dem Bauchgefühl folgen.

Doch hier ist die Wahrheit:
Spieler, die sich nicht an die Basisstrategie halten, machen regelmäßig Fehler. Und jeder dieser Fehler kostet sie Geld – oft, ohne dass sie es merken.
Blackjack ist kein Glücksspiel im klassischen Sinn. Es ist ein Spiel mit festen Wahrscheinlichkeiten. Wer diese ignoriert, spielt blind.

Wenn du also bereit bist, die Basisstrategie zu lernen und sie konsequent anzuwenden, hebst du dich sofort von der Masse ab. Du wirst der Spieler am Tisch sein, der nicht nur hofft – sondern weiß, was er tut.

Und genau darin liegt dein erster echter Vorteil.

Die Logik hinter harten und weichen Händen

Hände ohne Ass – oder mit einem Ass, das nur als 1 zählt – nennt man harte Hände. Sie sind weniger flexibel und erfordern vorsichtiges Spiel, besonders wenn der Gesamtwert sich der 17 nähert oder darüber liegt.

Weiche Hände hingegen enthalten ein Ass, das als 11 gezählt wird. Diese Hände verzeihen viel mehr – du kannst mutiger eine Karte ziehen, ohne gleich zu busten. Deshalb wirst du in der Strategie oft sehen, dass man bei weichen Händen wie A–6 oder A–7 gegen schwache Dealerkarten verdoppeln oder ziehen soll. Das Ass wirkt wie ein Sicherheitsnetz.

BASIC STRATEGY [Ace]

Player Total	2	3	4	5	6	7	8	9	10	A
A,9	S	S	S	S	S	S	S	S	S	S
A,8	S	S	S	S	DS	S	S	S	S	S
A,7	DS	DS	DS	DS	DS	S	S	H	H	H
A,6	H	DH	DH	DH	DH	H	H	H	H	H
A,5	H	H	DH	DH	DH	H	H	H	H	H
A,4	H	H	DH	DH	DH	H	H	H	H	H
A,3	H	H	H	DH	DH	H	H	H	H	H
A,2	H	H	H	DH	DH	H	H	H	H	H

H for Hit
S for Stand
DH for Double if allowed (otherwise Hit)
DS for Double if allowed (otherwise Stand)

Der Unterschied zwischen weichen und harten Händen – und das Verständnis, wann man aggressiv oder defensiv spielen sollte – ist entscheidend, um die Strategie wirklich zu beherrschen.

Was ist mit Paaren und Sonderfällen?

Einige der interessantesten strategischen Entscheidungen entstehen, wenn du ein Paar erhältst. Solltest du splitten? Oder es wie eine harte Hand behandeln?

PAIR SPLIT

Player Pair	2	3	4	5	6	7	8	9	10	A
A,A	Y	Y	Y	Y	Y	Y	Y	Y	Y	Y
10,10	N	N	N	N	N	N	N	N	N	N
9,9	Y	Y	Y	Y	Y	N	Y	Y	N	N
8,8	Y	Y	Y	Y	Y	Y	Y	Y	Y	Y
7,7	Y	Y	Y	Y	Y	Y	N	N	N	N
6,6	Y/N	Y	Y	Y	Y	N	N	N	N	N
5,5	N	N	N	N	N	N	N	N	N	N
4,4	N	N	N	Y/N	Y/N	N	N	N	N	N
3,3	Y/N	Y/N	Y	Y	Y	Y	N	N	N	N
2,2	Y/N	Y/N	Y	Y	Y	Y	N	N	N	N

Y for Split
Y/N for Split if allowed (otherwise No Split)
N for No Split

Hier ist eine einfache Faustregel:

- Assen und Achten immer splitten
- Fünfen und Zehnern niemals splitten
- Bei allen anderen kommt es auf die offene Karte des Dealers an

Beispiel: Zwei Siebener?
Du solltest sie splitten, wenn der Dealer eine 2 bis 7 zeigt.
Zeigt der Dealer aber eine 9 oder höher, dann solltest du sie zusammenlassen – du würdest sonst zwei schwache Hände riskieren, die leicht verlieren können.

In vielen weichen Händen oder bei Paaren wirst du in der Strategietabelle außerdem den Hinweis „Double if allowed“ sehen. Das liegt daran, dass manche Casinos das Verdoppeln einschränken – zum Beispiel nur bei bestimmten Handwerten wie 10 oder 11 erlauben, oder nach einem Split gar nicht.

Deshalb ist es wichtig, die spezifischen Tischregeln zu kennen – wir werden in späteren Kapiteln noch detailliert darauf eingehen.

Surrender & Versicherung: Wann (und warum) du Nein sagen solltest

Bevor wir das Kapitel zur Basisstrategie abschließen, müssen wir noch zwei Sonderfälle behandeln: Surrender (Aufgeben) und Versicherung. Diese Optionen sind nicht in jedem Spiel verfügbar – aber wenn doch, solltest du wissen, wie man sie richtig nutzt. Und vor allem: warum sie sinnvoll sind, selbst wenn sie auf den ersten Blick unlogisch erscheinen.

Was ist Surrender?

Surrender ist eine Regel, die dir erlaubt, deine Hand aufzugeben, bevor du sie spielst – im Austausch dafür verlierst du nur die Hälfte deines Einsatzes. Diese Option ist nicht an jedem Tisch verfügbar, und selbst wenn sie angeboten wird, übersehen oder unterschätzen viele Spieler, wie mächtig sie sein kann.

Lass uns das klarstellen:
Surrender bedeutet nicht, aufzugeben – es ist ein mathematisch kluger Rückzug, wenn deine Gewinnchancen extrem schlecht stehen.

Du solltest Surrender nur in Betracht ziehen, wenn:

- Deine Hand sehr schwach ist
- Die offene Karte des Dealers sehr stark ist

Es geht nicht um Emotion – sondern um Mathematik.
Statt in einer aussichtslosen Situation 100 % deines Einsatzes zu verlieren, akzeptierst du einen kalkulierten Verlust von 50 %. Und das macht sich langfristig enorm bemerkbar.

Gleich findest du eine einfache Übersicht mit den häufigsten Situationen, in denen Surrender sinnvoll ist.
Lerne sie. Präge sie dir ein. Nutze sie – immer dann, wenn die Option am Tisch verfügbar ist.

Surrender-Tabelle (wenn erlaubt)

SURRENDER

Player Hand	9	10	A
16	R	R	R
15		R	

Legende:

- R = Surrender (Aufgeben)

Ganz einfach, oder?
Es gibt genau zwei Spielsituationen, in denen Surrender in der Regel korrekt ist – aber allein diese beiden Entscheidungen können langfristig einen deutlichen Unterschied in deinen Ergebnissen machen.

🔍 Profi-Tipp:
Wenn Surrender nicht erlaubt ist, greife immer auf die normale Basisstrategie zurück.
Diese Empfehlungen gelten ausschließlich, wenn die Regel am Tisch aktiv ist.

Was ist mit Versicherung?

Kommen wir nun zu einer der häufigsten Fallen im Blackjack: Versicherung.

Immer wenn die offene Karte des Dealers ein Ass ist, bietet man dir die Möglichkeit an, deine Hand zu „versichern“. Die Idee klingt zunächst logisch:
Wenn der Dealer eine Zehn als verdeckte Karte hat, macht er einen Blackjack – und du verlierst, es sei denn, du hast ebenfalls einen. Die

Versicherung ist eine Nebenwette, die 2:1 auszahlt, falls der Dealer tatsächlich eine Zehn darunterliegen hat.

Aber hier ist die Wahrheit:
Versicherung ist für Basisstrategie-Spieler immer ein schlechter Deal.

Warum?
Weil sie auf Wahrscheinlichkeiten basiert – und die stehen nicht zu deinen Gunsten. Im Kartenschlitten befinden sich mehr Karten, die keine Zehn sind, als Karten, die eine sind. Es sei denn, du zählst Karten und weißt genau, dass das Deck ungewöhnlich viele Zehner enthält (dazu kommen wir später), verlierst du statistisch gesehen jedes Mal Geld, wenn du die Versicherung nimmst.

Es fühlt sich an wie ein Sicherheitsnetz – ist in Wahrheit aber ein getarnter Rechen, der dir langsam Chips abzieht.

Fazit:
Wenn du nach Basisstrategie spielst – nimm niemals die Versicherung. Auch wenn es sich „sicher" anfühlt. Auch wenn alle anderen am Tisch es tun. Bleib diszipliniert.

Die einzige Ausnahme – und sie ist wichtig – kommt später, wenn du gelernt hast, Karten zu zählen. Dann kann die Versicherung unter bestimmten Bedingungen profitabel sein.
Aber solange du die Grundlagen lernst, gilt folgende Regel:

Niemals versichern. Niemals.

Europäisches Blackjack: Kleine Regel, große Wirkung

Bis jetzt haben wir uns auf das konzentriert, was allgemein als amerikanisches Blackjack bekannt ist – die Version, die in US-Casinos am häufigsten gespielt wird und sich besonders gut für Vorteilsspiel wie Kartenzählen eignet.

Aber wenn du in Europa spielst – oder in vielen europäisch betriebenen Online-Casinos – triffst du häufig auf eine leicht abgewandelte Variante namens European No Hole Card Blackjack (ENHC), also „europäisches Blackjack ohne Lochkarte".

Auf den ersten Blick wirkt das Spiel fast identisch. Du setzt, bekommst zwei Karten, der Dealer zeigt eine offene Karte – alles wie gewohnt. Aber jetzt kommt der entscheidende Unterschied:

Beim europäischen Blackjack bekommt der Dealer seine zweite Karte erst, nachdem alle Spieler ihre Züge gemacht haben.

Das heißt: Wenn der Dealer ein Ass oder eine 10 zeigt, könnte er einen Blackjack haben – aber du erfährst es erst, nachdem du bereits gezogen, gesplittet oder verdoppelt hast.
Und genau das schafft ein strategisches Risiko, das man nicht unterschätzen darf.

<u>Warum das die Strategie verändert</u>

Stell dir vor, du hast eine vielversprechende Hand. Du entscheidest dich, zu verdoppeln – oder du splittest deine Karten, in der Hoffnung auf einen größeren Gewinn.
Dann, nachdem du zusätzliches Geld gesetzt hast, deckt der Dealer einen Blackjack auf – und du verlierst alles, einschließlich deiner Extraeinsätze.

Bei den amerikanischen Regeln wird dieses Szenario vermieden: Wenn die offene Karte des Dealers ein Ass oder eine 10 ist, wird sofort auf Blackjack geprüft. So weißt du, woran du bist, bevor du mehr riskierst.

Genau deshalb ist die europäische Basisstrategie etwas konservativer, vor allem wenn der Dealer ein Ass zeigt.
Du wirst feststellen, dass sie dazu neigt:

- das Verdoppeln in Grenzfällen zu vermeiden
- manche aggressiven Spielzüge zu überspringen, die im amerikanischen Spiel profitabel wären
- leicht angepasst zu spielen, wenn das Risiko besteht, mehr als nur deinen Grundeinsatz zu verlieren

Auch wenn diese Unterschiede auf dem Papier klein wirken – sie haben eine große Auswirkung, besonders wenn du regelmäßig und strategisch spielst.

BASIC STRATEGY [European]

Player Total	2	3	4	5	6	7	8	9	10	A
17–21	S	S	S	S	S	S	S	S	S	S
16	S	S	S	S	S	H	H	H	H	H
15	S	S	S	S	S	H	H	H	H	H
14	S	S	S	S	S	H	H	H	H	H
13	S	S	S	S	S	H	H	H	H	H
12	H	H	S	S	S	H	H	H	H	H
11	D	D	D	D	D	D	D	D	H	H
10	D	D	D	D	D	D	D	D	H	H
9	H	D	D	D	D	H	H	H	H	H
8 or less	H	H	H	H	H	H	H	H	H	H

Legende:

- S = Stand (stehen bleiben)
- H = Hit (Karte ziehen)
- D = Double (wenn erlaubt), sonst Hit

Solltest du beide Strategien lernen?

Wenn du Blackjack wirklich ernst nimmst, lautet die Antwort: Ja – du solltest mit beiden Strategien vertraut sein.
Zum Glück sind die Unterschiede gering, und sobald du die amerikanische Tabelle beherrschst, fühlt sich das Lernen der europäischen Anpassungen eher wie ein Feintuning an.

Warum haben wir mit der amerikanischen Version begonnen?
Weil dort Kartenzähler erfolgreich sein können.
Die meisten Casinos, in denen echtes Vorteilsspiel noch möglich ist (und die nicht durch automatische Mischmaschinen oder schlechte Regeln „entwertet“ wurden), verwenden das amerikanische Format.

Trotzdem ist es klug, sich auf alle Umgebungen vorzubereiten – und genau dabei hilft dir diese Tabelle.

Ein letzter Hinweis, bevor wir weitermachen

Die Basisstrategie zu beherrschen ist wie das Fundament eines Hauses. Sie gewinnt das Spiel nicht für dich allein, aber sie hält dein gesamtes Spiel stabil. An diesem Punkt stellst du dir vielleicht die Frage:

„Wenn ich diese Tabelle perfekt befolge – habe ich dann endlich einen Vorteil gegenüber dem Casino?"

Noch nicht.

Die Basisstrategie reduziert den Hausvorteil auf etwa 0,5 % – was im Vergleich zum Gelegenheitsspiel großartig ist, aber das Casino hat trotzdem immer noch leicht die Oberhand.
Um den Spieß wirklich umzudrehen und selbst in die Favoritenrolle zu kommen, musst du über perfektes Spiel hinausgehen – und Werkzeuge einsetzen, mit denen das Haus nicht rechnet.

Und das beginnt mit einer der legendärsten Fähigkeiten im gesamten Glücksspiel: dem Kartenzählen.

Aber Achtung: Überspringe nichts.
Stelle sicher, dass die Basisstrategie dir in Fleisch und Blut übergegangen ist, bevor du weitermachst.
Das nächste Kapitel wird dein Gehirn noch stärker fordern – und du wirst dein bisheriges Wissen brauchen, um fokussiert zu bleiben, während wir das Spiel endgültig zu deinen Gunsten drehen.

<u>Sollte ich der Strategie blind vertrauen?</u>

Ja – aber verstehe, warum sie funktioniert.

Diese Strategie ist kein Zaubertrick. Es ist reine Mathematik.
Jede Entscheidung auf der Tabelle wurde millionenfach simuliert und getestet. Aber wenn du verstehst, warum bestimmte Spielzüge besser sind, fällt es dir viel leichter, auch in unsicheren Momenten am System festzuhalten.

Nimm folgendes Beispiel:

Du hast eine 12, und der Dealer zeigt eine 4.
Die richtige Entscheidung laut Strategie ist: stehen bleiben.
Das überrascht viele Spieler. Warum nicht bei 12 noch eine Karte nehmen?

Weil der Dealer mit einer 4 eine hohe Bust-Wahrscheinlichkeit hat – und du mehr gewinnst, wenn du nichts tust, als wenn du eine 10 ziehst und selbst bustest.

Die Logik ist einfach:
Lass dem Dealer die Chance, sich selbst zu schlagen.

Übung macht dauerhaft

Du musst die gesamte Strategie-Tabelle nicht über Nacht auswendig lernen.
Geh es langsam an. Fang mit harten Händen an. Dann kommen die weichen Hände. Danach lernst du die Splits.
Verwende Karteikarten. Lade dir eine Trainings-App herunter. Oder druck dir einfach die Tabelle aus und teste dich selbst regelmäßig.

Und ja – es ist völlig in Ordnung, eine Strategie-Karte mit an den Casinotisch zu nehmen. Die meisten Casinos erlauben das, und es gilt nicht als Betrug.
Im Gegenteil: Es zeigt, dass du ein ernsthafter Spieler bist, der nicht einfach nur blind Chips auf den Tisch wirft.

Je mehr du übst, desto schneller werden deine Entscheidungen.
Irgendwann brauchst du die Tabelle gar nicht mehr – dein Spiel wird automatisch und sicher.

Und dann bist du bereit, wie ein echter Kartenzähler zu denken.

Bevor du weitermachst...

Die Basisstrategie wird dich allein nicht reich machen.
Aber sie wird dich davon abhalten, wie alle anderen zu verlieren.

Sie ist deine Rüstung – deine erste Verteidigungsschicht.
Du musst sie beherrschen, bevor du auch nur darüber nachdenkst, Karten zu zählen oder vom Standardspiel abzuweichen.

Sobald du diese Entscheidungen verinnerlicht hast, hörst du auf zu raten – und fängst an zu rechnen.
Du betrittst das Casino mit dem Wissen, dass du, egal welche Hand du bekommst, die richtige Entscheidung parat hast.

Und genau dort, mein Freund, beginnt echtes Blackjack.

Im nächsten Kapitel bauen wir auf diesem Fundament auf – und tauchen ein in das Herz des professionellen Spiels: das Kartenzählen.

Im Moment klingt das vielleicht einschüchternd.
Aber sobald deine Strategie sitzt, wirst du erkennen: Es ist nur ein weiteres Werkzeug – und zwar ein extrem mächtiges – in deinem wachsenden Arsenal.

KAPITEL 3
KARTENZÄHLEN:
DAS HI-LO-SYSTEM

Die Geheimwaffe, die Blackjack schlagbar macht

Jetzt sind wir bei dem Teil angekommen, der die meisten Spieler besonders interessiert – der Technik, die Blackjack unter Vorteilsspielern berühmt gemacht hat: das Kartenzählen.

Wenn du schon einmal Geschichten gehört hast, in denen Spieler „das Casino geschlagen“ haben, dann war fast immer irgendeine Form des Kartenzählens im Spiel.
Aber gleich zu Beginn wollen wir mit einem weitverbreiteten Mythos aufräumen:

Kartenzählen bedeutet nicht, sich jede einzelne gespielte Karte zu merken.

Es geht vielmehr darum, einen einfachen, mentalen Zählwert zu führen, mit dem du das Verhältnis von hohen zu niedrigen Karten im Schuh im Blick behältst.

Und glaub es oder nicht:
Es ist viel einfacher, als die meisten denken.

Was ist Kartenzählen wirklich?

Kartenzählen ist eine Methode, bei der du Informationen nutzt, die dir das Casino selbst liefert – nämlich die Karten, die bereits ausgeteilt wurden –, um abzuschätzen, welche Karten noch im Deck verbleiben.

Die Variante, die wir dir hier beibringen, heißt Hi-Lo-System.
Es ist eines der beliebtesten und effektivsten Systeme überhaupt, weil es den perfekten Kompromiss zwischen Einfachheit und Effektivität bietet.

Es gibt zwar noch komplexere Systeme (die wir später kurz ansprechen), aber das Hi-Lo-System ist der ideale Ausgangspunkt für jeden ernsthaften Spieler.

So funktioniert es:
Anstatt dir einzelne Karten zu merken, weist du jeder Karte einen Wert zu, sobald sie auf den Tisch kommt – und führst während des Spiels gedanklich eine laufende Summe.

Zählwerte im Hi-Lo-System

Jedes Mal, wenn eine Karte aufgedeckt wird – egal ob deine eigene, die des Dealers oder die eines anderen Spielers – wendest du die folgenden Werte an:

- 2 bis 6 = +1
- 7, 8, 9 = 0
- 10, Bube, Dame, König, Ass = -1

Ja, das war's schon.

Du addierst +1, subtrahierst -1 oder veränderst nichts.
Die Idee dahinter ist einfach:
Wenn zu Beginn viele niedrige Karten ausgespielt werden, bleiben mehr hohe Karten im Schuh – und das ist eine gute Nachricht für dich.

<u>Warum hohe Karten dir helfen</u>

Du fragst dich vielleicht: „Warum spielt es überhaupt eine Rolle, wie viele hohe Karten noch übrig sind?"

Ganz einfach: Hohe Karten bringen dem Spieler mehr Vorteile als dem Dealer.

Hier ist der Grund:

- Hohe Karten erhöhen deine Chance auf einen Blackjack (der 3:2 auszahlt)

- Hohe Karten machen einen Bust des Dealers wahrscheinlicher (weil der Dealer bei 16 oder weniger ziehen muss)
- Hohe Karten steigern die Wirksamkeit deiner Verdopplungen und Splits
- Hohe Karten schwächen den Vorteil des Dealers durch seine starren Spielregeln

Das bedeutet:
Wenn dein Zählwert positiv ist – also noch viele hohe Karten im Spiel sind – kippen die Wahrscheinlichkeiten langsam zu deinen Gunsten.
Und genau dann passt du deine Strategie an:
Du setzt mehr, wenn es wirklich zählt.

Running Count: Dein Echtzeit-Indikator

Die Gesamtsumme, die du während des Spiels im Kopf führst, nennt man den Running Count (laufender Zählwert).

Jedes Mal, wenn du eine Karte siehst, wendest du ihren Wert an und aktualisierst deinen mentalen Zähler.
Du musst alle Karten berücksichtigen, die aufgedeckt werden – deine, die des Dealers und auch die der anderen Spieler, wenn du an einem vollen Tisch sitzt.

Am Anfang eines neuen Schuhs beginnt dein Zählwert bei null.
Sobald Karten ausgeteilt werden, passt du den Wert entsprechend der Hi-Lo-Regeln an.

Beispiel: Die ersten fünf Karten sind:

- 5 → +1
- Dame → -1
- 8 → 0
- 3 → +1
- Ass → -1

Dein Running Count wäre: **+1 -1 +0 +1 -1 = 0**

Solange du diesen Zähler kontinuierlich führst, verfolgst du in Echtzeit, wie sich die Zusammensetzung des Decks verändert.

Wie du dein Zählen trainierst

Das ist keine bloße Theorie – du musst üben.

Nimm dir ein echtes Kartendeck und blättere es Karte für Karte durch, während du die Hi-Lo-Werte anwendest.
Wenn du korrekt gezählt hast, sollte dein Endergebnis immer null sein, sobald du das Deck komplett durchgegangen bist.

Sobald du dich sicher fühlst, steigere dein Tempo.
Ziel ist es, ein komplettes Deck in unter 30 Sekunden durchzugehen – und dabei trotzdem genau zu bleiben.

Die meisten Blackjack-Spiele verwenden sechs oder mehr Decks, daher ist das Üben mit mehreren Decks sinnvoll. Aber denk daran: Das Prinzip bleibt gleich. Du merkst dir nichts, du beobachtest und rechnest.

Warum der Count wichtig ist

Der Running Count ist dein Frühwarnsystem. Er zeigt dir:

- Wann das Deck voller Zehner und Asse ist (gut für dich)
- Wann viele niedrige Karten im Spiel sind (schlecht für dich)
- Wann du vorsichtig spielen solltest – und wann du angreifen kannst

Dieser einfache Zählwert ist der Kernvorteil des Kartenzählens.
Er trennt die zufälligen Zocker von den strategischen Spielern.

Schon bald wirst du den Count nutzen, um nicht nur deine Einsätze, sondern auch deine Spielzüge anzupassen.
Dann beginnt sich dein Vorteil wirklich aufzubauen.

Deck-Schätzung

Warum der Ablagestapel dein bester Freund ist

Kartenzählen bedeutet nicht nur, zu verfolgen, welche Karten bereits gespielt wurden, sondern auch zu verstehen, welche noch im Schuh

verbleiben.
Dazu brauchst du eine Fähigkeit, die jeder ernsthafte Spieler mit der Zeit entwickelt: Einschätzen, wie viele Decks noch im Spiel sind.

Dieser Vorgang wird Deck-Schätzung genannt – und auch wenn er einfach klingt, ist er ein entscheidender Schritt, um deinen Running Count in etwas deutlich Mächtigeres zu verwandeln: den True Count.

Schauen wir uns das genauer an.

Was genau schätzt du eigentlich?

Die meisten Blackjack-Spiele werden mit mehreren Decks gespielt – in der Regel sechs, manchmal acht. Diese Decks werden zusammengemischt und in den sogenannten Shoe gelegt – den Kartengeber-Schlitten des Dealers.

Wenn nun Karten ausgeteilt werden, wandern sie nicht zurück in den Schuh. Stattdessen kommen sie in den Ablagestapel, also den Haufen gespielter Karten, der sich neben dem Dealer sammelt. Die meisten Spieler beachten diesen Stapel nicht weiter. Aber du? Du bist klüger. Du wirst ihn genau beobachten.

Dein Ziel: Visuell abschätzen, wie viele Decks bereits gespielt wurden – also im Ablagestapel liegen.

Warum das wichtig ist? Weil du – wenn du weißt, wie viele Decks verbraucht wurden – diese einfach von der Gesamtzahl abziehst und herausfindest, wie viele noch im Spiel sind. Und das ist der Schlüssel, um deinen Zählwert auf das nächste Level zu heben.

Wie das genau funktioniert, erfährst du gleich.

Warum Deck-Schätzung so wichtig ist

Stell dir vor, du spielst ein Spiel mit sechs Decks.

Du hast sorgfältig gezählt, und dein Running Count beträgt +12.
Klingt doch super, oder? Nicht unbedingt.

Wenn nur noch ein Deck im Schuh ist, bedeutet ein +12 Running Count, dass das Deck voller hoher Karten ist – eine hervorragende Situation für dich.

Aber wenn noch vier Decks übrig sind, ist derselbe +12 Count deutlich weniger wertvoll. Der Vorteil pro Deck ist deutlich kleiner.

Merkst du den Unterschied?

Deshalb ist es genauso wichtig zu wissen, wie viele Decks noch im Spiel sind, wie den Count selbst korrekt zu führen.
Ohne Deck-Schätzung schwebt dein Count im luftleeren Raum – du hast keinen Kontext.
Mit ihr kannst du fundierte Entscheidungen treffen – basierend auf echtem Vorteil.

Wie man Decks schätzt

Der einzige Weg, darin gut zu werden, ist: Üben.
Am besten beginnst du zu Hause mit einem echten Kartensatz.

- Staple ein komplettes Deck (52 Karten)
- Dann zwei Decks, dann drei – bis hin zu sechs oder acht
- Lerne, visuell zu erkennen, wie viel ein, zwei oder drei gespielte Decks im Ablagestapel ungefähr ausmachen
- Nutze diesen mentalen Vergleich, jedes Mal, wenn du am Tisch sitzt

Perfekt wird das nie sein.
Aber das muss es auch nicht – Kartenzählen ist Näherung, nicht Perfektion.
Eine grobe Schätzung reicht völlig aus, um effektiv zu spielen.

Und keine Sorge:
Du musst nicht dastehen, als würdest du eine Rakete berechnen.
Ein unauffälliger Blick alle paar Hände genügt völlig, um beim Count auf dem Laufenden zu bleiben.

Der True Count

Wie du erkennst, wann die Chancen wirklich auf deiner Seite sind

Wenn du dir aus diesem Kapitel nur eine einzige Sache merken willst, dann diese:

Der True Count ist die mit Abstand wichtigste Zahl im gesamten Kartenzählen.

Während dir der Running Count zeigt, wie viele hohe Karten insgesamt noch im Spiel sind, sagt er nicht die ganze Wahrheit. Warum?
Weil er nicht berücksichtigt, wie viele Decks noch übrig sind – und das macht einen riesigen Unterschied.

Hier kommt der True Count ins Spiel.

Der True Count „normalisiert" den Running Count, indem du ihn durch die verbleibende Anzahl an Decks teilst.
Das ergibt ein Verhältnis pro Deck zwischen hohen und niedrigen Karten – also eine viel genauere Einschätzung deines Vorteils.

<u>Wie man den True Count berechnet</u>

Hier ist die einfache Formel:

True Count = Running Count ÷ verbleibende Decks

Ein kurzes Beispiel:

Du spielst an einem Tisch mit 6 Decks.
Du schätzt anhand des Ablagestapels, dass etwa 3 Decks bereits gespielt wurden.
Das bedeutet, es bleiben noch 3 Decks im Schuh.

Angenommen, dein Running Count beträgt +12.

Dann rechnest du:

$+12 \div 3 = +4$

Dein True Count ist also +4.

Und diese Zahl verrät dir eine Menge.

Ein True Count von +4 bedeutet, dass pro verbleibendem Deck durchschnittlich vier hohe Karten mehr als niedrige Karten im Spiel sind.
Das ist ein klarer Vorteil – und einer, den ein geübter Spieler gezielt nutzen kann (wie das funktioniert, erfährst du im nächsten Kapitel).

<u>Warum der True Count so entscheidend ist</u>

Stell dir vor, zwei Spieler sitzen an zwei verschiedenen Tischen – und beide haben einen Running Count von +12.
Klingt für beide gut, oder?

Nicht unbedingt.

- Spieler A hat noch 3 Decks im Spiel → True Count = +4
- Spieler B hat noch 6 Decks im Spiel → True Count = +2

Gleicher Running Count. Ganz unterschiedliche Bedeutung.

Je mehr Decks noch im Spiel sind, desto stärker wird dein Count verwässert.
Deshalb ist der True Count der wirklich aussagekräftige Indikator für deinen tatsächlichen Vorteil.

Gelegenheitsspieler, die nur den Running Count im Blick haben, überschätzen oft ihren Vorteil – und treffen dadurch schlechte Entscheidungen.
Mit dem True Count kannst du dagegen dein Spiel und deine Einsätze gezielt anpassen – mit echter Präzision.

Abrunden: Eine Regel fürs Leben

In echten Spielen wirst du nicht immer mit glatten Zahlen arbeiten. Vielleicht schätzt du, dass noch 3,5 Decks im Spiel sind. Oder du berechnest einen True Count von +4,6.

Was machst du in solchen Fällen?

Immer abrunden. Niemals aufrunden.

Dieser vorsichtige Ansatz schützt dich davor, deinen Vorteil zu überschätzen und zu aggressiv zu setzen.

Beispiele:

- 3,5 Decks → behandle es wie 3 Decks
- True Count von +4,8 → behandle es wie +4
- True Count von +2,2 → behandle es wie +2

Diese Regel gilt sowohl für Anfänger als auch für Profis.
Sie hält deine Entscheidungen realistisch und dein Risiko unter Kontrolle.

Anfänger vs. Fortgeschrittene beim Zählen

Wenn du gerade erst anfängst, musst du dir noch keine Sorgen machen, Decks auf halbe oder viertelgenaue Mengen zu schätzen. Halte es zunächst einfach:

- Runde die geschätzte Anzahl gespielter Karten auf das nächste volle Deck
- Verwende diese Zahl zur Berechnung deines True Count
- Runde das Ergebnis immer ab als Sicherheitsmarge

Sobald du erfahrener wirst, kannst du deine Schätzfähigkeiten verfeinern.
Viele erfahrene Spieler arbeiten mit halber oder sogar viertel Deck-Präzision – besonders bei Zwei-Deck- oder Einzel-Deck-Spielen, wo schon kleine Fehler einen großen Unterschied machen können.

Tatsächlich gilt:
Wenn du an einem Tisch mit nur 2 Decks spielst, solltest du selbst als Anfänger versuchen, auf mindestens ein halbes Deck genau zu schätzen.
Andernfalls wird dein True Count zu ungenau, um wirklich nützlich zu sein.

KAPITEL 4 EINSATZABWEICHUNGEN: WANN UND WIE DU DEINE WETTE ERHÖHST

Wissen in Profit verwandeln

Jetzt sind wir an einem entscheidenden Punkt angekommen – dem Moment, in dem dein Verständnis von Basisstrategie, Hi-Lo-Zählweise und Deck-Schätzung zusammenkommen, um dir etwas wirklich Mächtiges zu geben:
Einen mathematischen Vorteil gegenüber dem Casino.

Mit den Werkzeugen, die du bisher gelernt hast, spielst du nicht mehr einfach nur mit – du beobachtest das Deck und erkennst, wann sich die Wahrscheinlichkeiten zu deinen Gunsten verschieben.
Und wenn das passiert, heißt es: Handeln.

Wie?

Indem du deinen Einsatz anpasst – abhängig vom True Count.

Lass uns genau erklären, wie das funktioniert.

<u>Warum hohe Karten setzen = gewinnbringende Strategie</u>

Hier sind zwei grundlegende Wahrheiten, die du dir immer merken solltest:

1. Hohe Karten (10er, Bildkarten und Asse) sind gut für den Spieler und schlecht für den Dealer.
2. Niedrige Karten (2–6) sind schlecht für den Spieler und gut für den Dealer.

Warum das so ist? Hohe Karten helfen dir:

- öfter Blackjacks zu bekommen (die extra auszahlen)
- mehr Verdopplungen und Splits zu gewinnen
- den Dealer häufiger zum Bust zu bringen (weil er bei 16 oder weniger ziehen muss)

Niedrige Karten dagegen halten den Dealer sicher und erschweren es den Spielern, starke Hände zu bilden.

Das heißt:
Wenn dein True Count hoch ist, ist der verbleibende Schuh voll mit Karten, die dir nützen. Das ist dein Signal, deine Einsätze zu erhöhen.

Und wenn der True Count niedrig oder negativ ist – dann ist es Zeit, den Einsatz zu reduzieren oder dich vom Tisch zu verabschieden.

Einführung der Einsatz-Einheit

Bevor du deinen Einsatz erhöhen oder senken kannst, musst du zunächst deine Einsatz-Einheit (engl. *Betting Unit*) festlegen – also den Basisbetrag, mit dem du deine Wetten strukturierst.

Stell dir die Einsatz-Einheit wie einen Maßstab vor.
Jede Veränderung im True Count entspricht einem Vielfachen dieser Einheit.

Beispiele:

- Wenn deine Einsatz-Einheit 50 $ beträgt und der True Count bei +3 liegt, setzt du 3 × 50 $ = 150 $
- Liegt der True Count bei 0 oder niedriger, setzt du den Mindesteinsatz am Tisch

Deine Einsatz-Einheit ist keine willkürliche Zahl – sie sollte auf Grundlage deiner Bankroll berechnet werden (also dem Geldbetrag, den du speziell fürs Blackjackspiel zur Seite gelegt hast).

Wie du deine Einsatz-Einheit anhand deiner Bankroll festlegst

Wie groß sollte deine Einheit sein?

Das hängt von deinem Wohlfühlfaktor und deiner verfügbaren Gesamtsumme ab. Ein gängiger Richtwert lautet:

Deine Einheit sollte etwa 1/1000 deiner gesamten Bankroll betragen.

Beispiel:
Wenn du 10.000 $ speziell fürs Blackjackspielen reserviert hast, ist eine Einheit von 10 $ sinnvoll. Startest du mit 20.000 $, kannst du eine Einheit von 20 $ oder 25 $ wählen.

Wichtig ist:
Egal wie gut du spielst – es wird immer Schwankungen (Varianz) geben. Du musst finanziell in der Lage sein, Verluste auszuhalten, ohne dass du dein gesamtes Kapital riskierst.

Wie man eine Einsatz-Staffel erstellt

Eine Einsatz-Staffel (engl. *Bet Spread*) ist die Struktur, mit der du festlegst, wie sich deine Einsätze je nach True Count verändern.

Hier ist ein Beispiel für eine moderat aggressive Staffel eines Kartenzählers mit 20.000 $ Bankroll und einer Einsatz-Einheit von 50 $:

True Count	Einsatz
-2 oder schlechter	Tisch verlassen
-1	Tischeinsatz (10 $)
0	Tischeinsatz (10 $)
+1	50 $
+2	100 $
+3	150 $
+4	200 $
+5 oder höher	250 $

Ein paar Anmerkungen:

- Die Staffel beginnt konservativ und steigert sich mit wachsendem True Count.
- Ein True Count von -2 oder schlechter ist dein Signal zum Aufstehen – die Chancen sind klar gegen dich.
- Je größer dein Vorteil wird, desto höher deine Einsätze – so nutzt du den Zählvorteil gezielt aus.

Wichtig: Wenn du diese Staffel verwendest, runde den True Count immer ab, wie zuvor erklärt.

<u>Deine Einsatz-Staffel anpassen</u>

Deine Einsatz-Staffel sollte nicht blind von jemand anderem übernommen werden.
Sie sollte maßgeschneidert sein und sich an folgenden Faktoren orientieren:

- Deiner gesamten Bankroll
- Deiner persönlichen Risikotoleranz
- Den Tischregeln (inklusive Mindest- und Höchsteinsatz)
- Der Art des Spiels (6-Deck, 2-Deck usw.)
- Deinem Wunsch, keine Aufmerksamkeit vom Casino zu erregen (mehr dazu im nächsten Kapitel)

Je aggressiver deine Staffel ist, desto mehr kannst du theoretisch gewinnen – aber desto wahrscheinlicher ist es auch, dass du vom Pit Boss bemerkt wirst.
Professionelle Counter müssen oft einen Kompromiss finden zwischen Profitabilität und Unauffälligkeit.

Und ja – manchmal bedeutet das auch, nicht den Maximalbetrag zu setzen, selbst wenn der True Count extrem hoch ist.

<u>Ein kurzer Hinweis zur Vorsicht</u>

Nur weil du jetzt den Vorteil auf deiner Seite hast, heißt das nicht, dass du jede Spielsitzung gewinnst.
Varianz ist real.

Es wird Auf und Ab geben. Aber langfristig – wenn du deine Einsatz-Staffel konsequent auf Basis des True Count anwendest – wird die Mathematik für dich arbeiten.

Disziplin und Konsequenz sind deine stärksten Verbündeten.
Halte dich an dein System, vertraue deinem Count und verwalte deine Bankroll professionell.

KAPITEL 5
SPIELABWEICHUNGEN

Wenn die Mathematik dir sagt, die Regeln zu brechen

Lass uns kurz zu unserem Ausgangspunkt zurückkehren: die Basisstrategie.

Du hast gelernt, dass sie dir in jeder Situation den statistisch besten Spielzug liefert – und das stimmt.
Aber hier ist eine Wahrheit, die viele Spieler nicht erkennen:

Die Basisstrategie ist nicht immer die beste Strategie.

Sobald du mit dem Kartenzählen beginnst, gibt es bestimmte Momente, in denen dir der True Count signalisiert, einen anderen Spielzug zu machen, als es die Standardtabelle vorgibt.

Diese Momente nennt man Spielabweichungen (*Playing Deviations*) – und genau sie unterscheiden gute Spieler von großartigen Spielern.

Warum überhaupt abweichen?

Wenn der True Count steigt, erhöht sich der Anteil hoher Karten im verbleibenden Schuh. Und das verändert alles:

- Das Bust-Risiko steigt, wenn du eine Karte ziehst
- Die Wahrscheinlichkeit, einen Blackjack zu treffen, nimmt zu
- Verdopplungen werden effektiver
- Der Dealer bustet häufiger

Kurz gesagt:
Die Mathematik verändert sich – und du musst dich mit ihr verändern.

Hinweis zu Spielabweichungen

Die Tabellen, die du gleich sehen wirst, basieren auf folgenden Annahmen:

- 6-Deck-Spiel
- Dealer bleibt bei weicher 17 stehen
- Verdoppeln nach einem Split ist erlaubt
- Hi-Lo-Zählsystem

Diese Abweichungen gelten hauptsächlich für amerikanische Blackjack-Tische mit Standardregeln.
Wenn du unter europäischen Regeln spielst, gibt es dafür eine separate Tabelle.

ⓘ In den Tabellen siehst du kleine Zahlen neben bestimmten Spielzügen. Diese zeigen den True Count, bei dem du von der Basisstrategie abweichen solltest.

Da wir in Schwarz-Weiß drucken, verwenden wir keine rote Schrift. Stattdessen wird bei jeder markierten Abweichung eine kleine Zahl stehen (wie „3+“ oder „-1“), die zeigt, wann du abweichen und wie du spielen solltest.

Klassische Spielabweichungen (Amerikanische Regeln)

DEVIATIONS [American Rules]

Player Total	2	3	4	5	6	7	8	9	10	A
17	S	S	S	S	S	S	S	S	S	S
16	S	S	S	S	S	H	H	4+	0+	3+
15	S	S	S	S	S	H	H	H	4+	5+
14	S	S	S	S	S	H	H	H	H	H
13	1-	S	S	S	S	H	H	H	H	H
12	3+	2+	0-	S	S	H	H	H	H	H
11	D	D	D	D	D	D	D	D	D	D
10	D	D	D	D	D	D	D	D	4+	3+
9	1+	D	D	D	D	3+	H	H	H	H
8	H	H	H	H	2+	H	H	H	H	H

H for Hit
S for Stand
D for Double if allowed (otherwise Hit)

Diese Tabelle zeigt Abweichungen für Hände ohne Ass (sogenannte „harte“ Hände).

So liest du sie richtig:

- Die Tabelle zeigt, welchen Spielzug die Basisstrategie normalerweise empfiehlt.
- Wenn ein True Count-Wert angegeben ist, solltest du ab diesem Wert vom Standardspielzug abweichen.

Beispiele:

- Du hast 16 gegen die 9 des Dealers. Die Basisstrategie sagt: ziehen (H).
  Aber ab einem True Count von +4 solltest du stehen bleiben (S).
- Du hast 10 gegen das Ass des Dealers. Die Basisstrategie sagt: ziehen (H).
  Aber ab einem True Count von +3 solltest du verdoppeln (D).

Legende:

- „0-“ bedeutet: Abweichung tritt ein bei negativem True Count
- „0+“ bedeutet: Abweichung tritt ein bei positivem True Count

Zusammengefasst:

- Abweichungen bei Spieler-Gesamtwert 12, 13, 15, 16
  → alternativer Spielzug: stehen (S) statt ziehen (H)
- Abweichungen bei Spieler-Gesamtwert 8, 9, 10
  → alternativer Spielzug: verdoppeln (D) statt ziehen (H)

Diese kleinen Anpassungen mögen unbedeutend wirken – aber über Tausende von Händen machen sie einen riesigen Unterschied für deinen Vorteil.

Spielabweichungen bei europäischen Regeln

DEVIATIONS [European Rules]

Player Total	2	3	4	5	6	7	8	9	10	A
17	S	S	S	S	S	S	S	S	S	S
16	S	S	S	S	S	H	H	4+	0+	H
15	S	S	S	S	S	H	H	H	3+	H
14	S	S	S	S	S	H	H	H	H	H
13	1-	S	S	S	S	H	H	H	H	H
12	3+	2+	0-	S	S	H	H	H	H	H
11	D	D	D	D	D	D	D	D	4+	H
10	D	D	D	D	D	D	D	1-	H	H
9	1+	D	D	D	D	3+	H	H	H	H
8	H	H	H	H	2+	H	H	H	H	H

H for Hit
S for Stand
D for Double if allowed (otherwise Hit)

Wenn du nach europäischen Regeln spielst (der Dealer erhält keine verdeckte Karte), ändern sich die Schwellenwerte für Abweichungen leicht – aufgrund der höheren Volatilität und des Risikos zusätzlicher Verluste nach Splits oder Verdopplungen.

Wie bei der klassischen Tabelle gilt:

- Die in den Feldern angegebenen True Count-Werte zeigen, ab wann du vom Standardspielzug abweichen solltest.
- Die Art der Abweichung ist immer ein Wechsel zur jeweils anderen empfohlenen Option in dieser Zeile (also von „Hit" zu „Stand" oder von „Hit" zu „Double").

Zusammengefasst:

- Abweichungen bei Spieler-Gesamtwert 12, 13, 15, 16
  → alternativer Spielzug: stehen (S) statt ziehen (H)
- Abweichungen bei Spieler-Gesamtwert 8, 9, 10, 11
  → alternativer Spielzug: verdoppeln (D) statt ziehen (H)

Weiche Hände – Abweichungen mit einem Ass

DEVIATIONS [Ace]

Player Total	2	3	4	5	6	7	8	9	10	A
A,9	S	S	S	S	S	S	S	S	S	S
A,8	S	S	3+	1+	0-	S	S	S	S	S
A,7	DS	DS	DS	DS	DS	S	S	H	H	H
A,6	1+	DH	DH	DH	DH	H	H	H	H	H
A,5	H	H	DH	DH	DH	H	H	H	H	H
A,4	H	H	DH	DH	DH	H	H	H	H	H
A,3	H	H	H	DH	DH	H	H	H	H	H
A,2	H	H	H	DH	DH	H	H	H	H	H

H for Hit
S for Stand
DH for Double if allowed (otherwise Hit)
DS for Double if allowed (otherwise Stand)

Diese Tabelle gilt für Hände, die ein Ass enthalten, das als 11 gezählt wird (A–2 bis A–9).

Wie gehabt:

- Folge der Basisstrategie, außer es ist ein True Count-Schwellenwert angegeben.
- Wenn der Count diesen Wert erreicht, ändere deine Entscheidung entsprechend.

Beispiele:

- A–8 gegen 4: Normalerweise stehen (S), aber ab True Count +3 → DS (Double wenn erlaubt, sonst stehen)
- A–6 gegen 2: Wird bei einem True Count von +1 oder höher zu einem Double (DH)

Zusammengefasst:

- Abweichungen bei Spielerhand A–8
  → alternativer Spielzug: DS statt S
- Abweichungen bei Spielerhand A–6
  → alternativer Spielzug: Double (DH) statt ziehen (H)

Abweichungen beim Splitten

DEVIATIONS [Split]

Player Total	2	3	4	5	6	7	8	9	10	A
A,A	Y	Y	Y	Y	Y	Y	Y	Y	Y	Y
T,T	N	N	6+	5+	4+	N	N	N	N	N
9,9	Y	Y	Y	Y	Y	N	Y	Y	N	N
8,8	Y	Y	Y	Y	Y	Y	Y	Y	Y	Y
7,7	Y	Y	Y	Y	Y	Y	N	N	N	N
6,6	Y/N	Y	Y	Y	Y	N	N	N	N	N
5,5	N	N	N	N	N	N	N	N	N	N
4,4	N	N	N	Y/N	Y/N	N	N	N	N	N
3,3	Y/N	Y/N	Y	Y	Y	Y	N	N	N	N
2,2	Y/N	Y/N	Y	Y	Y	Y	N	N	N	N

Y for Split
Y/N for Split if allowed (otherwise No Split)
N for No Split

Diese Tabelle zeigt dir, wann du Paare splitten solltest – und vor allem, wann es Ausnahmen gibt.

Die meisten Abweichungen betreffen Paare aus Zehnern (T–T) – eine sehr starke Hand, die die meisten Spieler niemals anrühren würden.

Aber wenn der True Count hoch genug ist, kann das Splitten von Zehnern tatsächlich profitabel sein:

- T–T gegen 6 → splitten bei True Count 6+
- T–T gegen 5 → splitten bei True Count 5+
- T–T gegen 4 → splitten bei True Count 4+

Warum?
Weil das Deck so reich an hohen Karten ist, dass du gute Chancen hast, noch einen Zehner oder sogar ein Ass zu treffen – und gleichzeitig steigt die Wahrscheinlichkeit, dass der Dealer bustet.

Ja, es fühlt sich verrückt an, eine 20 zu splitten – aber die Mathematik bestätigt es. Sei dabei nur vorsichtig, nicht zu viel Aufmerksamkeit auf dich zu ziehen. (Wie du unauffällig bleibst, behandeln wir bald.)

Abweichungen beim Aufgeben (Surrender)

DEVIATIONS [Surrender]

Player Hand	8	9	10	A
16	4+	1-	R	R
15		2+	0-	

R for Surrender (if available)

Hier findest du die besten Momente, um aufzugeben, basierend auf dem True Count.

Beispiele:

- 16 gegen 8 → normalerweise würdest du ziehen, aber bei True Count 4+ oder höher solltest du aufgeben
- 15 gegen 9 → aufgeben ab einem True Count von +2 oder mehr

Diese Taktik hilft dir, langfristige Verluste zu minimieren, indem du Hände frühzeitig foldest, bei denen du statistisch stark im Nachteil bist – aber nur, wenn die Mathematik zeigt, dass es sich lohnt.

Abweichung bei der Versicherung

In den meisten Fällen solltest du niemals die Versicherung nehmen. Aber Kartenzähler kennen eine wichtige Ausnahme:

Nimm die Versicherung, wenn der True Count bei +3 oder höher liegt.

In diesem Moment ist das verbleibende Deck reich genug an Zehnern, um die Nebenwette statistisch profitabel zu machen.

Du findest diesen Hinweis auch am unteren Rand der Surrender-Tabelle.

Lohnen sich Spielabweichungen wirklich?

Absolut. Wenn du Blackjack ernsthaft und auf fortgeschrittenem Niveau spielen willst, dann ist das Lernen von Abweichungen unverzichtbar.

Warum?

Weil sie deinen Vorteil um 20 bis 30 % gegenüber dem reinen Kartenzählen erhöhen können. Und in einem Spiel wie Blackjack, in dem es nur um kleinste Vorteile geht, ist das ein gewaltiger Unterschied.

Zur Klarstellung: Das bedeutet nicht, dass du plötzlich einen 20–30 % Vorteil gegenüber dem Casino hast – sondern, dass dein bestehender Vorteil um 20–30 % verstärkt wird.

Das ist der Unterschied zwischen einem knappen Nullsummenspiel und einem nachhaltig profitablen System.

Fähigkeiten Schritt für Schritt aufbauen

Bevor du an diesem Punkt angelangst, musst du ehrlich zu dir selbst sein. Du solltest dich nicht mit Spielabweichungen beschäftigen, bevor du Folgendes wirklich gemeistert hast:

- Basisstrategie (fehlerfrei)
- Kartenzählen (genau und schnell)
- Deck-Schätzung und True Count-Berechnung
- Disziplinierte Einsatzanpassung basierend auf deinem Vorteil

Jede Stufe baut auf der vorherigen auf. Und beim Blackjack führt zu schnelles Überspringen fast immer zu teuren Fehlern. Halte dich an die Reihenfolge, und dein Spiel wird sich natürlich verbessern.

Wiederholung hilft:

Mach erst den nächsten Schritt, wenn der vorherige in Fleisch und Blut übergegangen ist.

Beginne mit den 20 wichtigsten Abweichungen

Die gute Nachricht? Du musst nicht sofort Dutzende seltener Abweichungen auswendig lernen.

Die Abweichungstabellen in diesem Kapitel enthalten die 20 wichtigsten Spielabweichungen – also genau die, die dir etwa 95 % des gesamten Vorteils bringen.

Das sind die Spielzüge, die:

- am häufigsten vorkommen
- den größten Zugewinn an erwartetem Wert liefern
- von allen ernsthaften Vorteilsspielern angewendet werden

Wenn du nur diese 20 Abweichungen verinnerlichst und anwendest, spielst du bereits auf Elite-Niveau.

Fortgeschrittene Spieler: Die letzten 5 % herausholen

Wenn du noch weiter gehen willst:
Erfahrene Kartenzähler lernen oft insgesamt 40–50 Abweichungen auswendig. Darunter sind situationsabhängige Spielzüge, die seltener vorkommen (meist bei sehr hohen True Counts), aber dennoch einen Beitrag zur langfristigen Profitabilität leisten.

Denk daran:

- Die ersten 20 sind dein Schwert und Schild.
- Die nächsten 20–30 sind deine geschliffene Klinge – nicht unbedingt notwendig, aber in den Händen eines disziplinierten Spielers äußerst wirkungsvoll.

Abschließende Gedanken zu den Abweichungen (Aber noch nicht zum Buch!)

Also — war's das?
Sind wir fertig?

Noch nicht.

Du hast jetzt das vollständige Grundgerüst gelernt, um das Casino zu schlagen: Strategie, Zählen, Setzen und Abweichen.

Aber es gibt noch grundlegende Konzepte, die wir noch nicht behandelt haben – Dinge, die über die Karten hinausgehen: Tarnung, Spieltischauswahl, Varianz, Psychologie und fortgeschrittene Techniken wie Shuffle Tracking.

Und wie du gleich sehen wirst: Wissen, wie man spielt, reicht nicht immer aus – du musst auch wissen, wie du dich verhältst, wenn du deinen Vorteil behalten und nicht rausgeworfen werden willst.

Also nein – wir sind noch lange nicht fertig.

KAPITEL 6
GRUNDLEGENDES VERSTÄNDNIS

Was dich wirklich zu einem erfolgreichen Spieler macht

Lass uns dieses Kapitel mit der wahrscheinlich wichtigsten Frage beginnen, die du seit Beginn dieses Buches im Kopf hattest:

„Wenn ich all das meistere – Basisstrategie, Kartenzählen, Abweichungen, Einsatzanpassungen – heißt das, dass ich immer gewinne?"

Hier kommt die ehrliche, unverblümte Antwort:

Nein. Wirst du nicht.

Und nicht nur das – selbst wenn du jede Hand mathematisch perfekt spielst, wirst du immer noch über 45 % der Hände verlieren.

Lass das kurz auf dich wirken.

Ja, das gilt auch für Profis. Ja, das gilt auch für die besten Kartenzähler der Welt. Sie verlieren fast jede zweite Hand.

Der entscheidende Unterschied?
Sie verstehen etwas, das den meisten Spielern entgeht:

Blackjack zu gewinnen bedeutet nicht, jede Hand zu gewinnen. Es bedeutet, deinen Vorteil über Tausende von Händen auszuspielen – und die Mathematik für dich arbeiten zu lassen.

Varianz ist nicht dein Feind – sie ist einfach nur Mathematik

Was die meisten Menschen als „Glück" bezeichnen, ist in Wirklichkeit Varianz – das natürliche Auf und Ab von kurzfristigen Ergebnissen.

Und Varianz gibt es in jedem Wahrscheinlichkeits-Spiel, auch wenn die Chancen auf deiner Seite sind.

Ein einfaches Gedankenexperiment macht das deutlich:

Stell dir vor, ich gebe dir eine manipulierte Münze – sie landet zu 55 % auf Kopf und zu 45 % auf Zahl.

Ich biete dir folgende Wette an: Setze 100 $ auf einen einzigen Wurf. Kommt Kopf, gewinnst du. Kommt Zahl, verlierst du.

Würdest du sie annehmen?

Die meisten würden zögern. Ein 45 % Risiko, 100 $ zu verlieren, fühlt sich unangenehm an – selbst wenn die Wahrscheinlichkeit leicht zu deinen Gunsten steht.

Aber ändern wir die Spielregeln:

Was, wenn ich dir dieselbe Wette anbiete – aber nicht nur einmal, sondern über 100 Münzwürfe hinweg?

Du gewinnst 100 $, wenn mehr Köpfe als Zahlen kommen.

Jetzt solltest du viel zuversichtlicher sein.

Warum?
Weil sich bei 100 Würfen das Gesetz der großen Zahlen bemerkbar macht. Der Vorteil summiert sich. Und du hast eine deutlich höhere Chance, mit Gewinn aus dem Spiel zu gehen.

Genau so funktioniert Blackjack, wenn du mit mathematischem Vorteil spielst.

Langfristig gewinnt man

Beim Blackjack geht es nicht darum, jede Hand oder jede Spielsitzung zu dominieren. Es geht darum, konsequent zu spielen. Es geht darum zu wissen, wann du deinen Einsatz erhöhst, wann du zurückschraubst und wann du einfach aufstehst und gehst.

Und am allerwichtigsten:
Es geht darum, genug Hände über ausreichend viele Stunden zu spielen, damit sich dein mathematischer Vorteil auszahlt.

Das ist es, was Profis verstehen.

Deshalb geraten sie bei Verlustserien nicht in Panik. Sie jagen nicht den Ergebnissen hinterher – sie setzen ein System um.

Und jetzt wirst du dieses System tiefer verstehen als 99 % aller Spieler da draußen.

Erwartungswert (EV): Dein einziger Gott im Blackjack

Die Zahl, die alles bestimmt

Bisher haben wir über Strategie, Kartenzählen, Einsatzsysteme und Abweichungen gesprochen – alles wesentliche Bestandteile des Gesamtbildes.

Aber es gibt ein Konzept, über das wir noch nicht gesprochen haben. Und ehrlich?

Es ist die wichtigste Zahl im gesamten professionellen Blackjack.

Diese Zahl nennt sich EV – kurz für Expected Value, auf Deutsch: Erwartungswert.

<u>Was ist der Erwartungswert (EV)?</u>

Einfach ausgedrückt: Der Erwartungswert ist dein durchschnittlicher Stundenprofit unter bestimmten Bedingungen.

Angenommen, du spielst an einem Tisch mit günstigen Regeln, deine Einsatzstaffel ist optimal eingestellt, und du setzt das Kartenzählen präzise um.

Ein erfahrener Analyst könnte berechnen, dass dein EV in diesem Szenario bei 150 $ pro Stunde liegt.

Das bedeutet: Wenn du perfekt spielst und genug Stunden investierst, wirst du im Durchschnitt 150 $ pro Stunde verdienen – auf lange Sicht.

Klingt großartig, oder?

Aber hier kommt der Haken:
Du wirst nicht jede Stunde 150 $ verdienen. Tatsächlich fast nie.

EV vs. Realität: Willkommen bei der Standardabweichung

Reale Ergebnisse folgen keinem glatten Durchschnitt. Manchmal gewinnst du Tausende an einem Abend. Manchmal verlierst du Tausende. Und manchmal gehst du einfach plus/minus null nach Hause.

Willkommen im Leben eines professionellen Spielers.

Der Grund dafür ist etwas, das sich Standardabweichung nennt – ein statistisches Maß dafür, wie stark Ergebnisse vom Durchschnitt abweichen können.

Und beim Blackjack ist diese Schwankungsbreite enorm.

Aber:
Das macht den EV nicht weniger wertvoll. Es bedeutet nur:

EV sagt dir nicht voraus, was in einer einzelnen Sitzung passiert. Er sagt dir, was über Hunderte oder Tausende von Stunden passiert.

Je länger du spielst, desto mehr werden sich deine tatsächlichen Ergebnisse dem EV annähern.

Realer Wert: Dein echter Leistungsindikator

Damit kommen wir zu einem zweiten wichtigen Konzept: dem Realen Wert (*Actual Value*).

Wenn der EV dein geschätzter durchschnittlicher Stundenprofit ist, dann ist der Reale Wert dein tatsächlicher Durchschnittsprofit basierend auf deinem eigenen Spiel.

Die Berechnung ist einfach:

Realer Wert = Gesamtgewinn oder -verlust ÷ Gesamtspielzeit (in Stunden)

Beispiel: Wenn du 3.000 $ Gewinn über 50 Spielstunden gemacht hast, beträgt dein Realer Wert 60 $ pro Stunde.

Jetzt kommt der entscheidende Vergleich:

- Wenn dein Realer Wert nahe am EV liegt → Glückwunsch, du machst alles richtig.
- Wenn er deutlich unter dem EV liegt, gibt es nur zwei mögliche Gründe:

    1. Kurzfristige Varianz – die Mathematik hatte noch keine Zeit, sich auszugleichen
    2. Du machst Fehler – und diese Fehler kosten dich deinen Vorteil

<u>Präzision ist unverhandelbar</u>

Hier ist etwas, das viele Anfänger schockiert:

Wenn du nur 10 % deiner Spielzüge falsch machst, sinkt dein EV nicht um 10 %. Er sinkt auf null – oder schlimmer noch: Du landest bei einem negativen EV.

Blackjack ist kein Spiel, das Fehler verzeiht. Du musst extrem präzise sein.

Eine einzige verpasste Abweichung, ein falsch getimter Einsatz, eine ungenaue Deckschätzung – all das kratzt an deinem Vorteil.

Deshalb ist Übung entscheidend. Deshalb ist Wiederholung entscheidend. Deshalb kennen Profispieler die Strategie nicht nur „so ungefähr“ – sie beherrschen sie vollständig.

Blackjack geht nicht um Perfektion.
Es geht darum, Unvollkommenheit zu minimieren..

Kannst du den EV selbst berechnen?

Nicht wirklich – es sei denn, du bist Mathematiker mit Spezialisierung auf Blackjack-Simulationen.

Um deinen genauen Erwartungswert (EV) für einen bestimmten Tisch und deinen Spielstil zu berechnen, müsstest du:

- Die genauen Regeln des Tisches eingeben (inkl. Penetration, Auszahlungsstruktur, Bedingungen für Verdoppeln/Splitten)
- Deine Einsatzstaffel definieren
- Millionen von Händen simulieren
- Die Ergebnisse mit statistischen Modellen auswerten

Zum Glück gibt es dafür spezialisierte Software-Tools, die das für dich übernehmen. Sie können dir außerdem helfen, folgende Werte zu berechnen:

- EV (Erwartungswert)
- Varianz
- Risk of Ruin (*Bankrottwahrscheinlichkeit*)
- Leistung über simulierte Spielsitzungen

Über Varianz und Risiko sprechen wir gleich noch mehr.
Für den Moment gilt:

Der EV ist dein wahrer Norden. Er zeigt dir, ob ein Spiel schlagbar ist – und wie hoch dein Vorteil wirklich ist.

Deck Penetration

Der versteckte Faktor, der deinen Vorteil verdoppeln – oder zerstören kann

Wenn du Blackjack wirklich ernsthaft spielen willst, gibt es ein Konzept, das du niemals ignorieren darfst – und doch ist es eines, das den meisten Gelegenheitsspielern gar nicht auffällt.

Dieses Konzept nennt sich Deck Penetration (oft abgekürzt als DP) – und es spielt eine entscheidende Rolle, wenn es darum geht, ob ein Blackjack-Spiel schlagbar ist – oder reine Zeitverschwendung.

Was ist Deck Penetration?

Deck Penetration beschreibt, wie tief der Dealer in den Kartenstapel geht, bevor neu gemischt wird.

Beispiel:
Du spielst an einem Tisch mit 6 Decks. Wenn der Dealer 4,5 Decks austeilt, bevor neu gemischt wird, spricht man von einer Deck Penetration von 4,5 Decks.

Manche Dealer oder Casinos mischen schon nach 3 Decks, andere lassen 5 oder mehr durchlaufen.

Diese Tiefe hat einen enormen Einfluss auf deine langfristige Gewinnmöglichkeit.

Warum ist Deck Penetration so wichtig?

Je tiefer du in den Kartenstapel kommst, desto genauer und wirkungsvoller wird dein Kartenzählen.

Warum?

- Je mehr Karten ausgeteilt wurden, desto klarer erkennst du die Zusammensetzung der verbleibenden Karten
- Ungleichgewichte zwischen hohen und niedrigen Karten werden deutlicher
- Dein True Count wird zuverlässiger
- Du bekommst mehr Chancen, um hochprofitabel zu spielen

Und jetzt kommt der entscheidende Punkt:

Ein Spiel mit 5 Decks Penetration kann doppelt so profitabel sein wie ein Spiel mit nur 4 Decks Penetration – selbst wenn alle anderen Regeln identisch sind.

Das ist kein kleiner Vorteil – das ist ein 100 %iger Anstieg deines Erwartungswerts, basierend auf diesem einen Faktor.

Warum Mischen deinen Vorteil zerstört

Jedes Mal, wenn der Dealer die Karten neu mischt, wird dein Zähler auf null zurückgesetzt – und damit auch dein Vorteil.

Gerade in der zweiten Hälfte des Schuhs – nachdem 3, 4 oder 5 Decks gespielt wurden – zeigt sich dein Vorteil am deutlichsten.
Denn genau dann:

- Hast du die besten Informationen über die verbleibenden Karten
- Ist die Wahrscheinlichkeit für einen hohen True Count am größten
- Setzt du deine höchsten und cleversten Einsätze

Wenn der Dealer aber frühzeitig abbricht und nach nur 2,5 oder 3 Decks mischt, erreichst du diesen Sweet Spot kaum.

Faktisch raubt er dir damit die Chance, dein Wissen in Profit zu verwandeln.

Wie du die Deck Penetration erkennst

Dealer geben diesen Wert nicht offen bekannt – aber du kannst ihn leicht selbst abschätzen, indem du auf ein entscheidendes Detail achtest:

Die Cut Card – eine auffällig gefärbte Plastikkarte, die nach dem Mischen in den Schuh eingeführt wird.

Sobald diese Cut Card beim Spiel auftaucht, wird die Runde zu Ende gespielt – danach wird neu gemischt.

Deine Aufgabe:
Beobachte genau, wo im Schuh diese Cut Card steckt.

Mit der Zeit wirst du ein Gefühl dafür entwickeln:

- Wie viel ein einzelnes Deck visuell ausmacht
- Wie z. B. 4,5 Decks im Discard Tray aussehen
- Ob der Dealer tief schneidet (gut) oder flach schneidet (schlecht)

Behalte die Cut Card bei jedem Spielbeginn im Auge – sie kann über Gewinn oder Verlust deiner gesamten Session entscheiden.

Achtung: Schlechte Deck Penetration = Unschlagbares Spiel

Wenn der Dealer den Schuh zu früh abschneidet – zum Beispiel nur 3 Decks bei einem 6-Deck-Spiel –, kann das Spiel unbesiegbar werden, selbst wenn die Regeln gut sind und dein Zählen perfekt ist.

So entscheidend ist Deck Penetration.

Wir werden darauf zurückkommen, wenn wir über Casinoauswahl und Tischbewertung sprechen.

Aber fürs Erste gilt:

Gute Penetration ist dein Freund. Flache Schnitte sind dein Feind.

Bankrott-Risiko (Risk of Ruin)

Was jeder Profi-Spieler fürchtet – und kontrolliert

Sprechen wir über eine der ernüchterndsten — und oft missverstandenen — Realitäten im Vorteilsspiel: das Bankrott-Risiko, auch bekannt als Risk of Ruin.

Selbst wenn du…

- … jede Strategie gemeistert hast
- … einen positiven Erwartungswert spielst
- … dich perfekt ans System hältst

…kannst du trotzdem pleitegehen.

Das ist keine Panikmache — das ist reine Mathematik.

Dieses Risiko entsteht nicht durch Fehler – es entsteht durch etwas, das du schon kennst: Varianz.

Warum du trotzdem alles verlieren kannst – selbst wenn du im Vorteil bist

Kurzfristig kann alles passieren.

Du kannst in eine hässliche Verlustserie geraten – 10, 20 oder sogar 30 Hände am Stück verlieren.

Und wenn dein Bankroll nicht groß genug ist, um das auszuhalten? Spiel vorbei.

Genau das ist das sogenannte Bankrott-Risiko (Risk of Ruin) – die Wahrscheinlichkeit, dass du durch schlechte Varianz dein gesamtes Kapital verlierst, bevor der mathematische Vorteil greifen kann.

Selbst ein Spieler mit perfekter Strategie kann davon betroffen sein – vor allem wenn er:

- Unterfinanziert ist
- Zu aggressiv setzt
- Seine Einsätze nicht sauber am True Count anpasst

Dein Bankroll ist dein Schutzschild – und er wirkt exponentiell

T Die gute Nachricht?

Das Bankrott-Risiko sinkt exponentiell, je größer dein Bankroll ist.

Was das bedeutet:

- Ein Spieler mit dem doppelten Bankroll hat nicht einfach halb so viel Risiko – er hat vielleicht nur ein Viertel oder sogar nur ein Zehntel des Risikos.
- Jede zusätzliche Finanzierungsschicht erhöht drastisch deine Überlebensfähigkeit gegenüber Varianz.

Deshalb erscheinen professionelle Spieler nicht mit ein paar Hundert Dollar und großen Träumen im Casino. Sie kommen mit fünfstelligen Bankrolls, präzise durchgerechneten Einsatzstrategien und der Disziplin, ihren Vorteil langfristig zu schützen.

Ein Bankroll ist nicht nur Geld. Er ist deine Schwimmweste.

Wie das Bankrott-Risiko berechnet wird

Genauso wie beim Erwartungswert (EV) gilt:
Das Bankrott-Risiko lässt sich nicht einfach auf einer Serviette ausrechnen.

Es hängt von mehreren Faktoren ab, unter anderem:

- Deinem EV pro Stunde
- Der Standardabweichung deiner Spielergebnisse
- Deinem Bet Spread (Einsatzstruktur)
- Der Deck Penetration
- Deinem gesamten Bankroll

Und ja — auch hier gilt:
Die einzig sinnvolle Methode zur genauen Berechnung führt über professionelle Blackjack-Simulationssoftware.

Solche Tools erlauben es dir, deine Strategie, Regeln und Einsatzstruktur einzugeben und damit tausende oder sogar Millionen Hände zu simulieren – um exakt zu sehen, wie hoch das Risiko ist, auf null zu fallen.

Was ist also ein „sicherer“ Bankroll?

Das hängt von deinen Zielen ab – aber hier kommt die unbequeme Wahrheit:

Ein spielbarer Blackjack-Bankroll besteht selten aus ein paar Hundert Dollar. Oft liegt er im fünfstelligen Bereich.

Das heißt nicht, dass du nicht mit kleineren Einsätzen üben oder experimentieren kannst.

Aber wenn du das Spiel ernsthaft schlagen willst – mit echtem Risikomanagement und langfristiger Nachhaltigkeit – dann brauchst du einen Bankroll, der Verluste verkraften kann, ohne zu wackeln.

Denn eines ist sicher: Sie werden kommen.

Ablauf der Entscheidungen

Die richtige Entscheidung – zur richtigen Zeit – bei jeder Hand

Sobald du alle Einzelteile kennst – Basic Strategy, Surrender, Insurance und Deviations – stellt sich ganz natürlich eine Frage:

„In welcher Reihenfolge soll ich das alles am Tisch anwenden?“

Gute Frage – denn wenn du Entscheidungen in der falschen Reihenfolge triffst, kannst du leicht EV-positive Spielzüge übersehen, besonders unter Druck.

Deshalb klären wir das jetzt ein für alle Mal – der korrekte Entscheidungsablauf.

Der Entscheidungsweg in 4 Schritten

Jede Hand sollte in dieser logischen Reihenfolge geprüft werden:

1. Prüfe auf Insurance (Versicherung)
   Wenn die offene Karte des Dealers ein Ass ist und dir eine Versicherung angeboten wird, ist das deine erste Entscheidung.

   - Nimm die Versicherung nur, wenn der True Count bei +3 oder höher liegt
   - Wenn nicht: ablehnen und weitermachen

2. Prüfe auf Surrender (Aufgabe)
   Wenn Surrender erlaubt ist und du eine schwache Hand gegen eine starke Dealer-Karte hast, kommt dieser Schritt als Nächstes.

- Sieh dir deine Hand, die offene Karte des Dealers und den True Count an
- Trifft eine der Surrender-Abweichungen zu? → Aufgeben

3. Prüfe auf Playing Deviations (Spielabweichungen)
   Nun beurteilst du, ob die aktuelle Hand eine Abweichung vom Basic Strategy erfordert.

   - Nutze die Deviation-Charts
   - Trifft eine Abweichung zu → abweichen
   - Trifft keine zu → weiter zum letzten Schritt

4. Spiele gemäß Basic Strategy
   Wenn weder Insurance noch Surrender noch eine Abweichung zutrifft, spielst du die Hand nach der Grundstrategie.

Warum diese Reihenfolge wichtig ist

Jede Entscheidung beeinflusst die nächste:

- Wenn du Versicherung nimmst, passiert das vor dem eigentlichen Spielzug.
- Wenn du aufgibst (Surrender), spielst du die Hand gar nicht erst.
- Abweichungen setzen die Grundstrategie außer Kraft – aber nur, wenn der True Count sie auslöst.

Stell dir das Ganze wie ein mentales Flussdiagramm vor. Sobald du dich daran gewöhnt hast, triffst du schnelle, präzise Entscheidungen – ganz ohne Zweifel.

Zwei Hände spielen

Doppelte Action – aber zu welchem Preis?

An den meisten Blackjack-Tischen – vor allem in Casinos mit automatischen Mischmaschinen oder Mehrdeck-Schuhe – ist es erlaubt, mehr als eine Hand gleichzeitig zu spielen. (Hinweis: Bei Spielen mit zwei Kartendecks ist das oft nicht erlaubt, es sei denn, der Tisch ist leer.)

Die Frage ist: Solltest du das tun? Wie immer beim professionellen Blackjack hängt die Antwort davon ab, wann und warum du es tust.

Wann es sinnvoll ist, zwei Hände zu spielen

Der beste Zeitpunkt, um zwei Hände zu spielen, ist dann, wenn der True Count positiv ist – also wenn du einen Vorteil gegenüber dem Haus hast.

Warum? Weil du in genau diesen Momenten mehr Geld auf dem Tisch hast, während die Wahrscheinlichkeit auf deiner Seite ist. Und je mehr Geld du in diesen Phasen einsetzt, desto mehr Erwartungswert (EV) kannst du daraus ziehen.

Zwei Hände gleichzeitig zu spielen bedeutet, deinen Einsatz zu verdoppeln, wenn du im Vorteil bist – und das kann deinen EV pro Stunde deutlich steigern.

Der Kompromiss: Höherer Gewinn, höheres Risiko

Bevor du direkt loslegst, solltest du Folgendes verstehen: Zwei Hände zu spielen ist nicht ohne Preis.

Es erhöht:

- Deinen Gesamteinsatz pro Runde
- Deine Varianz (also die kurzfristigen Schwankungen)
- Deine Sichtbarkeit für den Pit Boss (du wirkst wie ein großer Spieler)

Ja, es kann profitabler sein — aber es ist auch volatiler und auffälliger.

Anpassung deiner Einsatzstruktur bei zwei Händen

Wenn du zwei Hände spielst, hast du zwei Hauptoptionen:

Option 1: Aggressives Scaling (Doppelter Einsatz, doppelte Hände)

Bei dieser Methode bleibt dein Einsatz pro Hand gleich wie bei einer einzelnen Hand — du verdoppelst ihn einfach.

Beispiel:

True Count	Einsatz
-2	Tisch verlassen
-1	Tischeinsatz
0	Tischeinsatz
+1	50 \$ (1 Hand)
+2	100 \$ × 2 Hände
+3	150 \$ × 2 Hände
+4	200 \$ × 2 Hände
+5+	250 \$ × 2 Hände

Bei einem True Count von +5 setzt du also 500 \$ pro Runde — aufgeteilt auf zwei Hände.
Diese Variante maximiert deinen EV, aber erhöht auch die Varianz und Sichtbarkeit.

Option 2: Varianz-Management (Verteile deinen Einsatz auf zwei Hände)

Alternativ kannst du deinen ursprünglichen Einsatz auf zwei Hände aufteilen. Anstatt z. B. 200 \$ auf eine Hand zu setzen, spielst du zwei Hände mit je 100 \$. Dein Gesamtrisiko bleibt gleich, aber:

- Die Varianz sinkt (weil du deine Einsätze über mehr Karten verteilst)
- Du ziehst mehr Karten aus dem Schuh (was die Zählgenauigkeit verbessert)

- Du wirkst weniger auffällig als mit einem hohen Einzeleinsatz

Diese Strategie ist konservativer, aber sehr intelligent, vor allem, wenn du deine Sitzung verlängern oder unauffällig bleiben willst.

Profi-Tipp: Wähle den richtigen Zeitpunkt

Der Wechsel zu zwei Händen sollte nicht standardmäßig erfolgen — nutze ihn nur, wenn:

- Der True Count deutlich positiv ist
- Der Tisch es erlaubt
- Du dich mit der erhöhten Varianz wohlfühlst
- Du nicht bereits unter Beobachtung des Casino-Personals stehst

Wie immer gilt: Disziplin ist alles.

Bonusregeln: Die unterschätzten Spielentscheider

Welche Regeln dir einen Vorteil geben – und welche ihn zerstören

Eines der wichtigsten Dinge, die du dir im Blackjack merken solltest, ist:

Die Regeln unterscheiden sich von Tisch zu Tisch – und diese Unterschiede sind entscheidend.

Du kannst in derselben Spielbank an zwei verschiedenen Tischen sitzen, mit derselben Anzahl an Decks und demselben Mindesteinsatz – und dennoch ist einer davon zu 100 % schlagbar… während der andere dein Kapital langsam aufzehrt.

Warum? Wegen sogenannter Bonusregeln – subtiler Regeländerungen, die das Spiel entweder zugunsten des Spielers oder zugunsten des Casinos verschieben.

Sehen wir uns diese Regeln im Detail an.

Regeln, die dem Spieler helfen

Wenn du einen Tisch mit einer oder mehreren dieser Regeln findest, hast du Glück — sie alle erhöhen deinen Erwartungswert (EV):

- DAS (Double After Split – Verdoppeln nach dem Splitten)
  Erlaubt dir, nach dem Teilen eines Paars eine Verdopplung vorzunehmen. Eine starke Option, die Flexibilität bringt und den EV steigert.
- RSA (Re-Splitting Aces – Wiederholtes Splitten von Assen)
  Du darfst ein Assenpaar erneut teilen, wenn du ein weiteres Ass erhältst. Dadurch kannst du aus einem starken Blatt zwei potenzielle Gewinner machen.
- Verdoppeln auf beliebige zwei Karten
  Du kannst unabhängig vom Wert deiner Hand verdoppeln (nicht nur bei 9–11). Das eröffnet dir mehr Möglichkeiten, bei günstigen Dealer-Karten zu profitieren.
- Surrender (Aufgeben – früh oder spät)
  Wenn du schwache Blätter aufgeben darfst und nur die Hälfte des Einsatzes verlierst, bringt das einen mathematischen Vorteil — vor allem in riskanten Situationen.
- S17 (Dealer bleibt bei Soft 17 stehen)
  Wenn der Dealer bei einer soften 17 (z. B. Ass + 6) stehen bleibt, steigt dein langfristiger Vorteil leicht. Es verringert seine Chancen, ein starkes Blatt zu entwickeln.
- Hohe Deck-Penetration
  Je tiefer in den Schuh gespielt wird, bevor gemischt wird, desto mehr Informationen hast du — und desto wertvoller wird dein Count.
- 2-Deck-Spiele
  Bei ansonsten gleichen Bedingungen bieten Spiele mit weniger Decks einen besseren Spielervorteil. Zwei-Deck-Spiele (vor allem handgemischt) sind deutlich schlagbarer als 6–8 Deck-Schuhe.

Regeln, die dem Spieler schaden

Diese Regeln sind in vielen modernen Casinos verbreitet — und sie schwächen deinen Vorteil erheblich. Sei vorsichtig, wenn du eine der folgenden Bedingungen siehst:

- 6:5-Auszahlung bei Blackjack
  Anstatt den üblichen 3:2 auf einen natürlichen Blackjack auszuzahlen (z. B. 15 $ auf 10 $ Einsatz), bekommst du nur 6:5 (z. B. 12 $ auf 10 $ Einsatz).
  Meide solche Spiele. Sie sind fast nie schlagbar — und wenn überhaupt, dann nur unter extrem günstigen Zusatzbedingungen.
- ENHC (European No Hole Card – kein verdecktes Dealerblatt)
  Weit verbreitet in Europa: Der Dealer prüft nicht sofort auf Blackjack, sondern erst nachdem alle Spieler gehandelt haben. Das erhöht dein Risiko bei Splits und Verdopplungen, da du womöglich zusätzliche Einsätze verlierst, bevor du erfährst, dass der Dealer bereits Blackjack hat.
- Fehlende vorteilhafte Regeln
  Das Nichtvorhandensein der zuvor genannten positiven Regeln (wie DAS, RSA oder S17) ist an sich ein Nachteil.
  Je mehr davon fehlen, desto schlechter wird dein Erwartungswert (EV).

<u>Profi-Tipp: Spiele nur mit den besten Regeln</u>

Wenn du einen Blackjack-Tisch bewertest, schau nicht nur auf den Mindesteinsatz oder darauf, wie „freundlich" der Dealer ist.
Beurteile immer das Regelwerk als Ganzes.

Jede kleine Regeländerung fügt deinem Vorteil etwas hinzu – oder nimmt dir ein Stück davon weg.
Und in diesem Spiel summieren sich diese kleinen Unterschiede extrem schnell.

Das Zen-System

Eine stärkere Zählmethode für ernsthafte Spieler

Früher im Buch haben wir uns auf das Hi-Lo-System konzentriert – die am weitesten verbreitete Methode zum Kartenzählen, und das aus gutem Grund: Es ist einfach, effektiv und leicht zu lernen.

Aber wenn du bereit bist, deine Fähigkeiten auf die nächste Stufe zu heben, könntest du ein stärkeres System in Betracht ziehen – eines, das präzisere Entscheidungen erlaubt, vor allem in komplexen Spielsituationen.

Dieses System heißt: Zen Count.

Was ist das Zen Count-System?

Das Zen Count ist ein sogenanntes Level-2-Zählsystem – das bedeutet, es verwendet mehr als nur die Werte +1, 0 und -1.

Es ist etwas komplexer als das Hi-Lo-System, belohnt aber den zusätzlichen Aufwand mit höherer Genauigkeit – insbesondere bei Spielabweichungen und präziserem Setzverhalten.

So werden im Zen Count die Karten gewertet:

Karte	**Wert**
2, 3, 7	+1
4, 5, 6	+2
8, 9	0
10, J, Q, K	-2
Ass	-1

Wie du siehst, werden die Karten 4, 5 und 6 stärker gewichtet – was Sinn ergibt, denn diese Karten helfen dem Dealer besonders stark.

Zehner und Asse erhalten negative Werte, weil sie dem Spieler nützen und dem Haus schaden – das spiegelt sich in der Zählweise wider.

Verschobene Vorteilsschwelle

Da die Karten im Zen-System anders gewichtet werden, beginnt dein Vorteil nicht beim gleichen True Count wie beim Hi-Lo-System.

Beim Zen Count entsteht dein Vorteil nicht schon bei einem True Count von +1, sondern erst näher bei +2 – je nach Tischregeln und Hausvorteil kann der genaue Schwellenwert variieren.

Das bedeutet:
Du musst deine Einsatzstaffel entsprechend anpassen – bei niedrigen Counts zurückhaltender setzen und erst dann steigern, wenn der Count wirklich zu deinen Gunsten steht.

Beispiel: Einsatzstaffel für das Zen-System

So könnte eine Zen-optimierte Einsatzstruktur für ein Spiel mit zwei Händen und $50 Einsatz-Einheiten aussehen:

True Count	**Einsatz**
-3 oder schlechter	Tisch verlassen
-2 bis -1	Mindesteinsatz ($10)
0 bis +1	Mindesteinsatz ($10)
+2	$50 (1 Hand)
+4	$100 × 2 Hände
+6	$150 × 2 Hände
+8	$200 × 2 Hände
+10 oder höher	$250 × 2 Hände

Hinweis: „× 2 Hände" bedeutet: zwei getrennte Hände, jeweils mit dem vollen angegebenen Betrag — nicht aufgeteilt.

Diese Staffel erlaubt dir ein stabiles Wachstum, während der True Count steigt — ohne zu früh zu aggressiv zu setzen.

Sie spiegelt die konservativere Vorteilskurve des Zen-Systems und dessen höhere Risikoschwelle wider.

Solltest du vom Hi-Lo- zum Zen-System wechseln?

Das hängt ganz von deinen Zielen ab.

- Wenn du dich mit dem Hi-Lo-System wohlfühlst und es für dich funktioniert, gibt es keinen Grund zur Eile.
  Viele Profis nutzen ein Leben lang nur Hi-Lo.
- Wenn du jedoch darauf abzielst, maximalen Erwartungswert (EV) an High-Stakes-Tischen herauszuholen, bietet dir das Zen-

System ein differenzierteres Bild des Decks – und kann deine Entscheidungen beim Setzen und Abweichen verbessern.

Aber:
Mehr Komplexität bedeutet auch mehr Fehlerpotenzial. Wechsle nur dann das System, wenn du bereit bist, dich vollständig auf das zusätzliche Auswendiglernen und mentale Verarbeiten einzulassen.

Shuffle Tracking & Ace Sequencing

Die letzte Stufe des Vorteilsspiels

Jetzt sind wir bei den fortschrittlichsten — und wohl auch geheimnisvollsten — Techniken im professionellen Blackjack angekommen: Shuffle Tracking und Ace Sequencing.

Diese Methoden sind nichts für Einsteiger. Tatsächlich machen es moderne Casinos fast unmöglich, sie noch anzuwenden.

Und dennoch:
In der Welt des Kartenzählens sind sie legendär — nicht nur wegen ihrer technischen Raffinesse, sondern auch wegen ihres extremen Gewinnpotenzials, wenn sie korrekt und erfolgreich eingesetzt werden.

Was ist Shuffle Tracking?

Shuffle Tracking ist die Kunst, Cluster von hochwertigen Karten (10er und Asse) durch den Mischvorgang zu verfolgen – mit dem Ziel, ihre Position im nächsten Schuh zu beeinflussen.

So funktioniert es (theoretisch):

1. Während einer Runde merkst du dir mental, wo die wertvollsten Karten (vor allem 10er und Asse) im Ablagestapel landen.
2. Beim Mischen verfolgst du diese „Hot Zones“, während sie verschoben und durchmischt werden.
3. Wenn dir die Cut Card angeboten wird, versuchst du, den Schuh so zu schneiden,

dass diese Cluster möglichst früh im nächsten Spielabschnitt erscheinen.

Wenn es dir gelingt, kannst du den Schuh sozusagen von vorne mit starken Karten „aufladen“ – was dir sofort einen Vorteil verschafft, noch bevor der Count überhaupt steigt.

Warum Shuffle Tracking fast ausgestorben ist

Leider wissen moderne Casinos längst, dass es diese Technik gibt — und sie haben entsprechend reagiert:

- Riffle + Strip Shuffles (Riffle-Strip-Mischungen) wurden entwickelt, um die Karten möglichst gründlich zu durchmischen.
- Viele Casinos verwenden Shuffle-Maschinen oder sogar kontinuierliche Mischmaschinen (CSMs), die das Verfolgen der Karten unmöglich machen.
- Überwachungsteams sind speziell darauf geschult, Spieler zu erkennen, die versuchen, die Cut-Position gezielt zu manipulieren.

Fazit:
Auch wenn Shuffle Tracking theoretisch noch funktionieren kann, ist es in der Praxis so selten wie ein Einhorn.

Trotzdem habe ich persönlich mit ehemaligen Profis gesprochen, die diese Technik eingesetzt haben und damit Hunderttausende Dollar gewonnen haben.

Es ist ein gefühlsgesteuertes System, das scharfe Beobachtung, blitzschnelle Mustererkennung und ein tiefes Verständnis von Mischtechniken erfordert.

Nicht unmöglich — aber in den meisten modernen Casinos nicht praktikabel.

Was ist Ace Sequencing?

Wenn dir Shuffle Tracking schon schwierig vorkommt – dann ist Ace Sequencing noch eine Stufe härter.

Das Ziel?
Die exakte Position eines Asses im nächsten Schuh vorherzusagen, indem man sich die Reihenfolge der umliegenden Karten aus der vorherigen Runde merkt.

So funktioniert es (im Prinzip):

1. Während die Karten ausgeteilt werden, merkst du dir mental Sequenzen, in denen Asse erscheinen – besonders die Karten unmittelbar davor oder danach.
2. Während des Mischens verlässt du dich auf gleichbleibende Mischroutinen (z. B. einfaches Riffle), um vorherzusagen, wo das Ass im nächsten Schuh landen wird.
3. Wenn im folgenden Schuh eine bekannte "Key Card" auftaucht, setzt du hoch – in der Erwartung, dass gleich ein Ass folgt.

Wenn das Timing stimmt, erlaubt dir diese Methode:

- Blackjack-Auszahlungen zu maximieren
- Verdopplungen oder Splits gezielter zu spielen
- Versicherung gezielt zu nehmen, wenn ein Ass zu erwarten ist

Warum Ace Sequencing extrem selten ist

Ace Sequencing erfordert:

- Eine Gedächtnisleistung, die weit über normales Spielniveau hinausgeht
- Tische mit vorhersehbaren Mischabläufen
- Viel Vorbereitung, Geduld – und Glück

Und erneut gilt:
Moderne Casinos tun alles, um genau das zu verhindern:

- Komplexe Mischvorgänge mit Strips, Washes und mehreren Stufen
- Automatische Mischmaschinen, die jede Sequenzierung zerstören

Die Wahrheit?
Ace Sequencing ist eine aussterbende Kunst – einfach deshalb, weil die notwendigen Bedingungen in den meisten heutigen Casinos nicht mehr gegeben sind.

Und dennoch: Es bleibt eine der faszinierendsten Techniken, die jemals im Blackjack entwickelt wurden.

<u>Solltest du diese Techniken lernen?</u>

Wenn du gerade erst anfängst – nein.
Konzentriere dich zuerst auf:

- Basic Strategy
- Hi-Lo- oder Zen-Zählsysteme
- Abweichungen und Einsatzkontrolle

Aber: Wenn du bereits ein fortgeschrittener Counter bist und zufällig ein Casino findest mit:

- Manueller Kartenmischung
- Vorhersehbaren Mischmustern
- Keinen Kameras im Shuffle-Bereich…

…dann könntest du tatsächlich eine der letzten echten Spielvorteilslücken im Blackjack finden.

KAPITEL 7
WIE DU EIN CASINO WÄHLST (OB PHYSISCH ODER ONLINE)

Und warum der falsche Tisch alles zerstören kann, was du gelernt hast

Du hast die Strategie gelernt. Du kannst zählen. Du beherrschst Abweichungen und passt deine Einsätze mit chirurgischer Präzision an.

Aber all das – wirklich alles – wird nichts bedeuten, wenn du am falschen Tisch sitzt.

Das ist eine der härtesten Wahrheiten im professionellen Blackjack:

Das Casino, das du auswählst, wird entweder deine Gewinnchance ermöglichen – oder still und leise dein gesamtes Kapital aufzehren, während du „perfekt" spielst.

In den letzten Jahrzehnten sind Casinos viel schlauer geworden. Kartenzählen ist längst kein mysteriöser Vorteil mehr – und fast jedes große Glücksspielhaus hat eine Vielzahl von Gegenmaßnahmen eingeführt, um diesen Vorteil zu neutralisieren.

Wenn du also mit echtem Vorteil spielen willst, musst du lernen, dich wie ein Profi in diesem Umfeld zu bewegen.

Fangen wir mit der gefährlichsten Falle von allen an.

Die CSM: Der lautlose Killer

Der größte Feind jedes Kartenzählers – das eine Gerät, das ein schlagbares Spiel sofort in ein unbesiegbares verwandelt – ist die Continuous Shuffle Machine, kurz: CSM.

Auf den ersten Blick sieht sie harmlos aus: ein kleines Plastikgerät neben dem Dealer.

Doch was sie bewirkt, ist verheerend: Nach jeder Runde werden die gespielten Karten sofort wieder in das Gerät eingeführt und kontinuierlich mit dem verbleibenden Schuh vermischt.

Keine Nachverfolgung. Kein Count. Kein Vorteil.

Dein Edge wird vollständig neutralisiert – Hand für Hand, auf unbestimmte Zeit.

Ein Tisch mit CSM ist eine Falle – ganz einfach. Du kannst fehlerfrei spielen, deine Einsätze perfekt anpassen und trotzdem jedes Mal verlieren.

Diese Maschinen machen es mathematisch unmöglich, das Spiel langfristig zu schlagen.

Und leider: Sie sind überall – vor allem in europäischen Casinos, wo viele Häuser ausschließlich auf CSM-Tische umgestellt haben.

Man kann sogar sagen: Europa ist inzwischen ein feindliches Gebiet für Kartenzähler.

Im Gegensatz dazu sind die amerikanischen Casinos noch immer die letzte Bastion für Vorteilsspieler – mit vielen Tischen, die noch klassische Shoes verwenden, und sogar handgemischte Zwei-Deck-Spiele in bestimmten Bereichen anbieten.

Das Deck-Penetration-Dilemma

Selbst wenn du es geschafft hast, einen Tisch ohne CSM zu finden und an einem Spiel mit klassischem Schuh sitzt, musst du dir als Nächstes genau anschauen, wie tief der Dealer in das Deck geht, bevor er neu mischt – das nennt man Deck Penetration.

Warum ist das so wichtig? Weil dein Vorteil als Counter mit jeder Karte steigt, die ausgeteilt wird.

Je weiter du in den Schuh kommst, desto mehr Informationen hast du – und desto genauer wird dein Count.

Das bedeutet: bessere Einsatzentscheidungen, präzisere Abweichungen und höherer Erwartungswert (EV) im Laufe der Zeit.

Lass es mich direkt sagen: Wenn der Dealer nach nur 3 von 6 Decks neu mischt, dann ist das Spiel nicht schlagbar.

Egal ob die Auszahlung gut ist oder ob das Spiel Surrender erlaubt – wenn die Penetration zu flach ist, spielst du ein Verlustspiel.

Im Gegensatz dazu:
Wenn du ein Spiel findest, bei dem 4,5 – 5 oder sogar 5,5 Decks ausgeteilt werden, bevor gemischt wird – dann wird es spannend.

Dann wird dein Wissen zu Macht. Dann wird dein Können zu Geld.

Anzahl der Decks: Je weniger, desto besser

Du hast vielleicht schon gehört, dass weniger Decks besser für den Spieler sind – und das ist absolut richtig.

Ein Zwei-Deck-Spiel mit soliden Regeln und ordentlicher Penetration ist in der Regel deutlich profitabler als ein Acht-Deck-Schuh mit denselben Regeln.

Warum? Weil bei Spielen mit weniger Decks:

- Blackjacks etwas häufiger vorkommen
- und die Setzgenauigkeit erheblich steigt

Allerdings gilt: Weniger Decks bedeuten oft auch strengere Spielregeln oder niedrigere Einsatzlimits.

Manche Casinos nutzen den Reiz eines Zwei-Deck-Spiels, um still und heimlich 6:5-Auszahlungen bei Blackjack oder andere spielerschädliche Änderungen einzubauen – was uns direkt zum nächsten wichtigen Punkt bringt.

Regeln, die wichtiger sind, als du denkst

Wenn du einen Blackjack-Tisch bewertest, schau nicht nur auf die Anzahl der Decks oder die Cut Card. Du musst auf die Spielregeln achten – denn selbst kleine Änderungen können die Mathematik komplett gegen dich verschieben.

Beispiel: Wenn ein Tisch 6:5 statt 3:2 auf einen Blackjack auszahlt – geh sofort weiter. Ohne Zögern.

Diese eine Regeländerung erhöht den Hausvorteil so stark, dass der Tisch selbst mit guter Penetration kaum noch profitabel ist.

Weitere Regeln, auf die du achten solltest:

- Darfst du nach einem Split verdoppeln? (DAS)
- Darfst du Asse erneut splitten? (RSA)
- Ist Surrender erlaubt?
- Steht der Dealer bei Soft 17 – oder zieht er? (Du willst S17)
- Wie groß ist das erlaubte Einsatzspektrum (Bet Spread)?

Jede dieser Regeln verändert den Vorteil ein kleines Stück. Aber in Summe entscheiden sie darüber, ob ein Tisch schlagbar ist oder nicht.

Nimm dir daher immer einen Moment, um das Regelschild am Tisch genau zu lesen – oder, noch besser: frag höflich den Dealer, bevor du dich hinsetzt.

Was du beobachten solltest, bevor du spielst

Wenn du einen Tisch gefunden hast – ohne CSM, mit guten Regeln und ordentlicher Penetration – bist du fast am Ziel.

Aber bevor du deinen ersten Chip setzt, mach einen Schritt zurück und beobachte ein paar Runden.

Achte auf Folgendes:

- Wie der Dealer mit den Karten umgeht
- Wie viele Decks tatsächlich gespielt werden, bevor neu gemischt wird
- Ob andere Spieler mitten im Schuh einsteigen – und ob das erlaubt ist
- Ob der Pit Boss auffällig oft in der Nähe ist
- Ob Kameras direkt auf den Ablagestapel gerichtet sind

Solche kleinen Details in der Umgebung verraten dir viel darüber, ob das Spiel deine Zeit wert ist – und ob du dort unauffällig (und profitabel) für eine Weile spielen kannst.

Und wie steht's mit Online-Spiel?

Falls du gehofft hast, vom bequemen Sofa aus Karten zu zählen, muss ich dir leider den Wind aus den Segeln nehmen: Online-Blackjack ist aus Vorteilsspiel-Sicht fast immer unspielbar.

Selbst die sogenannten „Live Dealer"-Tische – also solche mit echten Dealern und realen Karten – verwenden in der Regel:

- 8-Deck-Schuhe,
- katastrophale Penetration,
- oder noch schlimmer: versteckte CSM-Systeme.

Außer du hast ausführlich recherchiert und eine seltene Plattform mit echten Hand-Deals und guten Bedingungen gefunden, sind deine Chancen auf eine profitabel umsetzbare Zählstrategie online nahezu null.

Es ist eine harte Wahrheit – aber besser du weißt es jetzt, als später Zeit und Geld in ein Spiel zu stecken, bei dem es keinen echten Vorteil gibt.

KAPITEL 8
WIE DU UNSICHTBAR BLEIBST (UND EIN CASINO-VERBOT VERMEIDEST)

Die unausgesprochene Kunst der Tarnung im professionellen Blackjack

Inzwischen hast du die Fähigkeiten entwickelt. Du kennst die Strategien, du hast das Zählen trainiert, und du weißt, wie man den richtigen Tisch auswählt.

Aber es gibt noch eine letzte Hürde, die Langzeitgewinner von jenen trennt, die zu früh ausscheiden:

Unter dem Radar bleiben.

Du kannst der beste Spieler im Raum sein – mit perfekter Technik und makelloser Präzision. Doch wenn das Casino erkennt, was du tust, ist das Spiel vorbei.

Im Gegensatz zu Poker, wo Können gefeiert wird, ist Blackjack kein Spiel, das das Haus verlieren will.

Wenn sie dich des Zählens verdächtigen, bekommst du keinen Applaus – sondern eine freundliche Aufforderung zu gehen.

Deshalb ist es genauso wichtig, zu lernen, wie man sich tarnt, clever auftritt und seine Präsenz kontrolliert, wie zu wissen, wann man splittet oder verdoppelt.

Die gefährlichsten Fehler, die du machen kannst

Fangen wir mit den häufigsten – und vermeidbaren – Fehlern an, die einem Pit Boss sofort ins Ohr flüstern: „Kartenzähler!“

- Plötzliche Einsatzänderungen von Hand zu Hand – besonders direkt nach dem Mischen oder wenn der Count steigt
- Einsatzsteigerungen nur bei hohem Count, ohne Deckmanöver oder Ablenkungen, die das Muster verschleiern
- Roboteskes Verhalten oder übermäßige Konzentration – vor allem, wenn du mehrere Hände verfolgst oder zu lange auf den Ablagestapel starrst
- Versicherung immer ablehnen, oder sie nur nehmen, wenn es mathematisch korrekt ist
- Frustration zeigen nach Verlustserien, oder zu große Freude, wenn du gewinnst

Jede dieser Verhaltensweisen mag für sich genommen harmlos wirken – aber zusammen ergeben sie ein Profil.

Und genau auf solche Muster sind Überwachungsteams geschult.

Die Kunst der Tarnung: Wie du dein Spiel verschleierst

Wenn du langfristig spielen willst, musst du aufhören, wie eine Maschine zu spielen – und anfangen, wie ein Schauspieler zu agieren.

Das Ziel ist einfach:

Wirke wie ein ahnungsloser Zocker – während du in Wirklichkeit ein kalkulierender Profi bist.

Hier sind einige der effektivsten Techniken, um unsichtbar zu bleiben:

- Variiere deinen Bet Spread natürlich.
  Steigere deinen Einsatz nicht immer direkt vom Minimum zur Maximalhöhe. Baue „Zwischenwerte" ein, die nicht exakt dem Count folgen, um Muster zu verschleiern.
- Imitiere Freizeitverhalten.
  Stell dem Dealer Fragen, plaudere mit anderen Spielern, freu dich laut, wenn jemand Blackjack hat. Klingt albern – wirkt aber Wunder gegen das Bild des „Ernstspielers".
- Mache ab und zu absichtlich „Fehler".
  Stehenbleiben, wenn du eigentlich treffen solltest. Treffen, wenn du normalerweise verdoppeln würdest – besonders bei

neutralem oder leicht negativem Count. Diese bewussten Fehler sind psychologische Tarnung.

- Gib dem Dealer ab und zu Trinkgeld – besonders nach einem großen Gewinn. Das lässt dich wie einen casual Spieler wirken und sorgt dafür, dass das Personal dich weniger kritisch beobachtet.
- Verwende eine Spielerkarte nur mit Bedacht. Manche Counter vermeiden sie komplett, andere nutzen sie gezielt als Ablenkung.
  In jedem Fall gilt: Kenn die Vor- und Nachteile – denn Comps sind schön, aber Tracking kann dich enttarnen.

Wie du deinen Bet Spread steuerst, ohne verdächtig zu wirken

Eine der sichersten Methoden, um aufzufliegen, ist ein Bet Spread, der zu aggressiv oder zu perfekt aussieht.

Wenn du immer direkt von $10 auf $250 springst, sobald der True Count bei +2 liegt, wird das nicht lange unbemerkt bleiben.

Überwachungsteams müssen keine Mathematiker sein – aber sie erkennen klare Muster. Und sie müssen nicht beweisen, dass du zählst. Sie brauchen nur einen Vorwand, dich zu entfernen.

Wie also kannst du deine Einsätze variieren, ohne wie ein Taschenrechner auszusehen?

- Steigere schrittweise:
  Geh von $10 auf $25, dann auf $75, dann auf $150 – über mehrere Hände verteilt, nicht plötzlich
- Baue absichtlich unpassende Einsätze ein:
  Setze gelegentlich Beträge, die nicht mit dem Count übereinstimmen, um Unregelmäßigkeit zu simulieren
- Spiele nicht immer deinen Maximal-Einsatz, selbst wenn der Count sehr hoch ist – nimm dir stattdessen eine Pause oder geh auf die Toilette

Denk daran: Das Haus hat kein Problem mit Spielern. Es wird erst kritisch, wenn jemand das Spiel schlägt.

Also: Wirke wie ein Zocker – auch wenn du keiner bist.

Was Casinos als „verdächtiges Verhalten" einstufen

Jeder Pit Boss hat eine andere Schwelle dafür, was als „verdächtig" gilt, aber hier sind die häufigsten Warnsignale:

- Flat Betting bei negativen Counts und Erhöhung der Einsätze bei hohen Counts
- Uneinheitliche Verwendung von Handzeichen oder ein verändertes Verhalten mitten im Schuh
- Strategisches Anfordern neuer Schuhe oder Platzwechsel
- Beobachten des Ablagestapels, insbesondere ohne selbst in der Hand zu sein
- Weniger reden und zunehmende Konzentration, je weiter der Schuh fortschreitet

Kurz gesagt: Wenn es so aussieht, als würdest du versuchen, das Spiel zu manipulieren – auch nur subtil –, könntest du schnell als „Counter" eingestuft werden. Und dieses Etikett bleibt haften.

Letzte Tipps, um „Heat" zu vermeiden und weiterzuspielen

Am Ende des Tages kommt dein Vorteil nicht nur vom Kartenzählen – sondern davon, dass du zählst, ohne selbst „ausgezählt" zu werden.

Die erfolgreichsten Spieler sind nicht diejenigen, die jedem Bruchteil von EV hinterherjagen. Es sind diejenigen, die länger im Spiel bleiben, auch wenn sie dafür etwas weniger optimal spielen – im Tausch gegen Langlebigkeit.

Das bedeutet:

- In mehreren Casinos zu spielen, anstatt eines komplett „leerzuspielen"
- Pausen zwischen den Sessions einzulegen oder sogar Kleidung bzw. Mütze zu wechseln, wenn nötig

- Auf keinen Fall unnötige Aufmerksamkeit zu erregen – egal wie gut es gerade läuft

Denk immer daran: Deine stärkste Waffe ist nicht dein Count – sondern deine Anonymität.

KAPITEL 9
DER BLACKJACK-MASTERY-BLUEPRINT [5 LEVELS]

Dein geführter 5-Stufen-Trainingsplan vom Einsteiger zum selbstbewussten Counter

Du besitzt jetzt das nötige Wissen. Du verstehst die Regeln, die Strategien, die Mathematik und die Psychologie des Spiels. Aber Wissen allein reicht nicht aus.

Um ein disziplinierter, gefährlicher und nicht zu enttarnender Blackjack-Spieler zu werden, musst du trainieren.

Und genau darum geht es in diesem Kapitel.

Egal ob du in nur 3 intensiven Tagen trainieren willst oder lieber in ruhigen Etappen über mehrere Wochen – dieser 5-Stufen-Plan bringt dich vom absoluten Anfänger zum voll ausgebildeten Vorteilsspieler – bereit, den Tisch mit Zielstrebigkeit, Präzision und Selbstvertrauen zu betreten.

Was dieses Programm ist

Dies ist kein Crashkurs für Gelegenheitsspieler. Es ist dein persönliches Blackjack-Bootcamp. Jeder Level baut auf dem vorherigen auf, stärkt wichtige Gewohnheiten und verbessert deine Entscheidungsfähigkeit unter Druck. Du bekommst konkrete Übungen, tägliche Ziele und mentale Trainings, die du so oft wiederholen wirst, bis sie zur zweiten Natur werden.

Bleib dabei – und wenn du Level 5 erreichst, wirst du nicht nur wissen, wie man Blackjack schlägt. Du wirst bereit sein, es in der realen Welt umzusetzen.

Level 1 – Die Grundlagen von Blackjack

Ziel: Die Regeln, die Mathematik und die Kernstrategie verstehen – ohne zu zögern.

Aufgaben:

- Lerne und verinnerliche die vollständige Basic Strategy Chart für American Blackjack
  ↳ Verwende Karteikarten, ausdruckbare Tabellen oder Apps
- Verstehe harte Hände, weiche Hände, Paare, Surrender und das Verhalten des Dealers
- Übe 10 Entscheidungen gemäß Basic Strategy pro Hand mithilfe von simulierten Szenarien (Apps oder Spielkarten)
- Sieh dir mindestens 1 Stunde lang Live-Blackjack an und erkläre jede Entscheidung der Spieler
- Erkläre, warum bestimmte Hände stehen bleiben oder eine Karte ziehen sollten (z. B. 12 gegen 4) – basierend auf Logik, nicht auf Gefühl

Voraussetzung für den Aufstieg:
100 Hände in Folge mit mindestens 95 % Genauigkeit gemäß Basic Strategy spielen können.

Level 2 – Zählen wie eine Maschine

Ziel: Das Hi-Lo-Zählsystem perfekt beherrschen und Karten mühelos verfolgen.

Aufgaben:

- Lerne die Hi-Lo-Zählwerte auswendig:
    - 2–6 = +1
    - 7–9 = 0
    - 10, Bildkarten, Asse = -1
- Nimm ein Kartenspiel und gehe die Karten einzeln durch, während du einen Running Count führst
  ↳ Am Ende solltest du bei 0 landen
- Wiederhole das Ganze, bis du ein komplettes Deck in unter 25 Sekunden durchzählen kannst
- Übe das Zählen mit Ablenkung im Hintergrund (TV, Musik usw.), um Casinoumgebung zu simulieren
- Beginne mit der Schätzung der Deck Penetration, indem du auf die Ablagestapel schaust und den gespielten Prozentsatz schätzt

Voraussetzung für den Aufstieg:
Ein Deck in unter 20 Sekunden durchzählen können und mehrere Hände gleichzeitig verfolgen, ohne den Running Count zu verlieren.

Level 3 – True Count, Einsatzstaffeln und Abweichungen

Ziel: Den Count im Spiel anwenden – und ihn in gewinnbringende Entscheidungen umwandeln.

Aufgaben:

- Lerne, den True Count zu berechnen, indem du den Running Count durch die geschätzte Anzahl verbleibender Decks teilst
- Übe die Schätzung der Deckanzahl: Baue Ablagestapel auf und lerne, wie viele Decks noch übrig sind
- Merke dir die 20 wichtigsten Spielabweichungen (z. B. bei True Count +0 oder höher auf 16 gegen 10 stehen bleiben)
- Erstelle deine eigene Einsatzstaffel basierend auf deiner Bankroll (z. B. 1–6 oder 1–12 Einheiten)
- Spiele Übungshände mit verschiedenen True-Count-Szenarien durch und bestimme den richtigen Einsatz und das passende Abweichungsspiel

Voraussetzung für den Aufstieg:
Ein komplettes 6-Deck-Shoe simulieren und dabei über 3 Schuhe hinweg alle Einsätze und Entscheidungen fehlerfrei an den True Count anpassen.

Level 4 – Tarnung, Tischverhalten & Erkennung vermeiden

Aufgaben:

- Übe subtile Einsatzveränderungen mithilfe vorbereiteter Einsatzmuster
- Integriere „zufälliges“ Verhalten: falsche Nebenwetten, Fragen stellen, mit dem Dealer plaudern
- Nimm dich selbst auf, wie du 20 Hände spielst, und analysiere deine Körpersprache und Reaktionen
- Besuche ein lokales Casino (oder ein Live-Online-Spiel), nur zur Beobachtung – notiere dir:
    - Shuffle-Stil des Dealers
    - Deck Penetration am Tisch
    - Einsatzmuster anderer Spieler
    - Verhalten des Casino-Personals
- Übe das unauffällige Zählen – ohne Finger, Lippenbewegungen oder auffällige Gesten

Voraussetzung für den Aufstieg:
Spiele 100 Übungshände mit Count, Abweichungen und Einsatzstaffelung – und verhalte dich dabei wie ein normaler Tourist. Wenn ein Beobachter nicht erkennt, dass du ein Counter bist, bist du bereit.

Level 5 – Realitätsnahe Simulation & Mentale Ausdauer

Ziel: Eine vollständige Blackjack-Session simulieren und dich auf den echten Casinoeinsatz vorbereiten.

Aufgaben:

- Simuliere eine vollständige 1-stündige Blackjack-Session mit deinem gesamten System:
    - Basic Strategy
    - Kartenzählen
    - True Count
    - Abweichungen
    - Einsatzstaffelung
    - Tarnverhalten
- Verfolge deinen EV, den tatsächlichen Gewinn/Verlust und reflektiere dein Hitze-Management
- Erstelle einen Bankroll-Tracker: Beobachte hypothetische Veränderungen deiner Bankroll basierend auf EV pro Stunde
- Analysiere dein Risk of Ruin und deinen Expected Value mit Tools wie CVBJ oder Blackjack Risk Calculators
- Erstelle einen Plan für deine erste echte Session:
    - Welches Casino?
    - Welcher Tisch?
    - Wie lange wirst du spielen?
    - Wann wirst du aufhören?

Abschlussziel:
Spiele eine Übungssession mit 500 Händen, bei der du alles Gelernte anwendest – ohne grobe Fehler und mit vollständiger Auswertung der Session.

Du bist bereit

Wenn du alle 5 Level abgeschlossen hast, bist du kein Anfänger mehr – du bist ein vollständig ausgebildeter, strategisch gerüsteter und mental vorbereiteter Blackjack-Spieler. Du weißt jetzt etwas, das die meisten Casinobesucher nie verstehen werden: Blackjack ist kein Glücksspiel – es ist ein Schlachtfeld aus Disziplin, Mathematik und mentaler Stärke.

Wenn du jetzt ein Casino betrittst, wirst du nicht dort sein, um zu zocken. Du wirst dort sein, um zu spielen – und zu gewinnen.

SCHLUSSWORT
DAS SPIEL GEHÖRT JETZT DIR

Und das Casino wird nie wieder gleich aussehen.

Da bist du nun. Vielleicht hast du dieses Buch nur aus Neugier begonnen. Vielleicht aus Hoffnung. Vielleicht mit einer Prise Skepsis. Du wolltest lernen, wie man Blackjack schlägt – wie man sich an den Tisch setzt, mit System spielt und mit mehr als nur einer Geschichte wieder aufsteht.

Jetzt bist du mit etwas viel Mächtigerem ausgestattet als ein paar „Glückstipps“ oder halbgaren Strategien. Du hast gelernt, wie das Spiel wirklich funktioniert. Du hast die Mathematik, die Psychologie, die Systeme und die feinen Unterschiede studiert. Du hast dir ein Werkzeugset an Fähigkeiten aufgebaut, das – richtig angewendet – ein Casinospiel in eine berechenbare Gelegenheit verwandelt.

Du bist nicht länger ein Durchschnittsspieler. Du bist der Spieler, den das Casino lieber nicht am Tisch hätte.

Aber eines muss klar sein: Das ist keine Garantie für ständige Gewinne. Selbst wenn die Mathematik auf deiner Seite ist, schlägt die Varianz zu.

Du wirst Hände verlieren. Du wirst ganze Sessions verlieren. Du wirst heiße Phasen erleben – und kalte. So ist das Spiel.

Aber im Gegensatz zu 99 % aller Spieler weißt du jetzt, was das bedeutet – und du weißt, wie du damit umgehst.

Denn auf lange Sicht schlägt Können immer das Glück.

Diese Reise endet nicht hier. Sie beginnt wirklich in dem Moment, in dem du dich zum ersten Mal an einen echten Tisch setzt – das Herz schlägt etwas schneller, der Count steigt, die Chips sind in der Hand ... und du weißt: Du rätst nicht. Du spielst, um zu gewinnen.

Letzter Ratschlag, bevor du an den Tisch gehst

- Bleib diszipliniert. Dein Vorteil existiert nur, wenn du dem Plan folgst – weiche nie ohne triftigen Grund davon ab.
- Bleib bescheiden. In dem Moment, in dem du denkst, du kannst nicht verlieren, zeigt dir das Spiel das Gegenteil.
- Bleib unsichtbar. Wenn sie die Bedrohung nicht sehen, können sie sie auch nicht stoppen.
- Bleib hungrig. Es gibt immer noch mehr zu lernen, mehr zu verfeinern, mehr Vorteile zu schärfen.

Dieses Buch war nie eine Sammlung von Abkürzungen oder Tricks. Es ging immer um Kontrolle – darum, Kontrolle über ein Spiel zu gewinnen, das Millionen spielen, ohne es wirklich zu verstehen. Jetzt, da du es verstehst, liegt die Macht bei dir.

Und genau das bedeutet es, das Casino beim Blackjack wirklich zu schlagen.

Wir sehen uns am Tisch. Spiel klug. Spiel scharf. Spiel so, als hättest du den Vorteil – denn jetzt hast du ihn.

Printed in Poland
by Amazon Fulfillment
Poland Sp. z o.o., Wrocław

55008216R00056